成渝地区
双城经济圈建设背景下
四川省康养产业
投融资机制构建研究

CHENG-YU DIQU
SHUANGCHENG JINGJIQUAN JIANSHE BEIJING XIA
SICHUAN SHENG KANGYANG CHANYE
TOURONGZI JIZHI GOUJIAN YANJIU

房 红　张旭辉○ 著

西南财经大学出版社
Southwestern University of Finance & Economics Press
中国·成都

图书在版编目(CIP)数据

成渝地区双城经济圈建设背景下四川省康养产业投融资机制构建
研究/房红,张旭辉著.—成都:西南财经大学出版社,2022.7
ISBN 978-7-5504-5420-0

Ⅰ.①成… Ⅱ.①房…②张… Ⅲ.①养老—服务业—产业发展—投融资
体制—研究—成都②养老—服务业—产业发展—投融资体制—研究—重庆
Ⅳ.①F726.99

中国版本图书馆 CIP 数据核字(2022)第 112025 号

成渝地区双城经济圈建设背景下四川省康养产业投融资机制构建研究
房红　张旭辉　著

策划编辑:李邓超
责任编辑:植　苗
责任校对:廖　韧
封面设计:何东琳设计工作室
责任印制:朱曼丽

出版发行	西南财经大学出版社(四川省成都市光华村街55号)
网　　址	http://cbs.swufe.edu.cn
电子邮件	bookcj@swufe.edu.cn
邮政编码	610074
电　　话	028-87353785
照　　排	四川胜翔数码印务设计有限公司
印　　刷	四川煤田地质制图印刷厂
成品尺寸	170mm×240mm
印　　张	9.75
字　　数	187 千字
版　　次	2022 年 7 月第 1 版
印　　次	2022 年 7 月第 1 次印刷
书　　号	ISBN 978-7-5504-5420-0
定　　价	68.00 元

前　言

　　《中共中央关于制定国民经济和社会发展第十四个五年规划和二〇三五年远景目标的建议》对全面推进"健康中国建设"和"实施积极应对人口老龄化"国家战略进行了专门部署，为康养产业发展赋予了新的历史使命。2016年8月，习近平总书记在全国卫生与健康大会上发表重要讲话，强调"没有全民健康，就没有全面小康"。中国共产党第十九届五中全会提出了"加快发展康养产业"的明确要求。后疫情时代，人们对于康养的需求进一步提高，康养产业面临新的发展机遇。

　　21世纪以来，随着我国经济的快速发展和人民收入水平的普遍提高，广大人民群众对于健康的追求日益凸显。2015年，中国共产党第十八届五中全会将建设"健康中国"上升为国家战略；2016年，习近平总书记在全国卫生与健康大会上强调，要把人民健康放在优先发展的战略位置，把以治病为中心转变为以人民健康为中心，以普及健康生活、优化健康服务、完善健康保障、建设健康环境、发展健康产业为重点，加快推进健康中国建设；同年，国务院印发的《"健康中国2030"规划纲要》指出，健康是促进人的全面发展的必然要求，要遵循"健康优先"原则，把健康摆在优先发展的战略地位；2017年，社会科学文献出版社出版的《康养蓝皮书：中国康养产业发展报告（2017）》指出，我国康养产业发展潜力巨大，到2030年将达到22万亿元的产业规模。"健康中国"战略的实施，特别是配合从中央政府到地方政府相关扶持政策的出台和实施，推动康养产业成为近年来一个热门的新兴产业。康养产业的巨大发展潜力也使得地方政府对其重视程度不断提高，许多地方积极挖掘自身康养资源，努力将康养产业发展成为当地新的经济增长点。在政府部门的大力支持下，康养产业也日益成为社会资本的重要投资领域。总体上看，康养产业的发展呈现出如火如荼的态势。

　　作为近年来发展迅速、备受关注的新兴产业，康养产业在四川省产业结构中处于特殊的地位，具备显著的发展潜力和发展优势。四川省政府于2017年正式印发《四川省大力发展生态康养产业实施方案（2018—2022）》，首次提出要加快建成全国生态康养目的地和生态康养产业强省；2019年又提出要推进"健康四川"建设。2020年，中央财经委员会第六次会议决定大力推动成渝地区双城经济圈建设，在西部地区形成高质量发展的重要增长极，加快建设具有全国影响力的重要经济中心、科技创新中心、改革开放新高地、高品质生活宜居地，打造内陆开放战略高地。在成渝地区双城经济圈建设背景下，四川省康养产业迎来重要发展机遇。但投融资机制不完善是目前四川省康养产业发展的最大难题。2020年，《中共中央 国务院关于新时代推进西部大开发形成新格局的指导意见》首次将康养产业明确定位为区域重要支柱产业，这一定位不仅使康养产业在国民经济发展中的作用得到充分肯定，而且是对近年来很多城市将康养产业作为城市经济转型的重要方向的肯定，更是为四川省大力发展康养产业提供了难得的历史机遇。

结合四川省康养产业发展实际构建其投融资机制、提出推进路径，将有助于四川省加快形成投资主体自主决策、政府调控有力有效、融资方式丰富多元、市场环境公平开放的康养产业投融资机制，增强康养产业发展内生动力和长远后劲；有助于四川省构建市场机制有效、微观主体有活力、宏观调控有度的经济体制；有助于四川省实施"一干多支、五区协同"的区域发展战略，促进乡村振兴，推动民生事业发展，解决区域发展不平衡不充分问题，实现经济高质量发展。

本书的主要研究内容可以分为以下四个部分：

一是关于成渝地区双城经济圈建设背景的研究。这部分主要阐述成渝地区双城经济圈建设的战略意义及核心内涵、成渝地区双城经济圈的总体结构与发展水平、成渝地区双城经济圈建设背景下四川省大力发展康养产业的紧迫性。

二是关于康养产业投融资机制的相关理论研究。这部分系统梳理康养产业投融资机制的理论基础和研究成果，重点阐述资本与经济增长关系理论、投资乘数理论、公共物品理论、公共财政理论、公共选择理论、项目区分理论、融资结构理论等，科学界定"康养产业投融资机制"和"康养产业投融资机制体系"的内涵与外延；剖析康养产业的基本属性、康养产业发展所处产业生命周期、不同康养产业的资金供需特征，在此基础上分析康养产业的产业投融资特征；结合我国康养产业的产业投资特征，分析我国康养产业的资金需求特征，进而总结我国康养产业的产业融资特征，深入剖析投融资机制促进康养产业发展的内在机理。

三是关于康养产业投融资机制的相关实践研究。这部分主要总结我国康养产业及其投融资机制的发展现状和四川省康养产业及其投融资机制的发展现状，剖析四川省康养产业发展面临的资金瓶颈问题，提炼出四川省康养产业投融资机制存在的问题；介绍国内外优秀的康养产业投融资机制，总结其发展经验与可供我们借鉴之处。

四是关于四川省康养产业投融资机制的构建研究。这部分以成渝地区双城经济圈建设为现实背景，以相关理论为指导，阐述四川省康养产业投融资机制构建应实现的目标；从投融资主体、投融资渠道、投融资制度体系、投融资管理机制等方面提出四川省康养产业投融资机制构建的主要内容，区分纯公益性、准公益性和经营性养老健康服务产品，分别构建其投融资机制体系的主要内容；提出四川省康养产业投融资机制构建的具体路径，区分纯公益性、准公益性和经营性养老健康服务产品，分别阐述其投融资机制构建的具体路径；从财政补偿、税收优惠、金融支持、土地、人才等方面提出四川省康养产业投融资机制构建的保障政策。

本书的创新之处包括两个方面：一是研究视角的创新。目前，国内外学者分别从多个视角和维度对康养产业进行了研究，但从投融资机制的视角开展系统性研究的学者还相对较少，本书专门研究促进康养产业发展的投融资机制，从研究视角上进行了创新。二是研究内容的创新。本书结合四川省康养产业发展实际，在对四川省康养产业投融资效益实证研究的基础上，构建起有助于四川省康养产业发展的投融资机制，包括构建康养产业投融资机制应遵循的原则、康养产业投融资机制的主要内容、康养产业投融资机制的实现路径、康养产业投融资机制的保障体系等，从研究内容上进行了创新。由于笔者水平有限，书中不足之处在所难免，敬请广大读者批评指正。

房红　张旭辉

2022 年 6 月

目　录

1 绪论

1.1 选题背景

《中共中央关于制定国民经济和社会发展第十四个五年规划和二〇三五年远景目标的建议》对全面推进"健康中国建设"和"实施积极应对人口老龄化"国家战略进行了专门部署，为康养产业发展赋予了新的历史使命。2016 年，习近平总书记在全国卫生与健康大会发表重要讲话，并提出了"没有全民健康，就没有全面小康"的重要论断。中国共产党第十九届五中全会也提出了"加快发展康养产业"的明确要求。随着后疫情时代①的到来，人们对于康养的需求进一步提升，康养产业面临新的发展机遇。

21 世纪以来，随着我国经济的快速发展和人民收入水平的普遍提高，广大人民群众对于健康的追求日益凸显。《国务院关于加快发展养老服务业的若干意见》指出，加快发展养老服务业是全面建成小康社会的一项紧迫任务。2015 年，中国共产党第十八届五中全会把建设"健康中国"上升为国家战略。2016 年 8 月 19 日，习近平总书记在全国卫生与健康大会上强调，要把人民健康放在优先发展的战略位置，把以治病为中心转变为以人民健康为中心的新主旨，以普及健康生活、优化健康服务、完善健康保障、建设健康环境、发展健康产业为重点，加快推进"健康中国建设"。2016 年 10 月 25 日，中共中央、国务院印发的《"健康中国 2030"规划纲要》指出，健康是促进人的全面发展的必然要求，要遵循"健康优先"原

---

① 后疫情时代（post-pandemic）是指新型冠状病毒肺炎疫情过去后的时代。

则，把健康摆在优先发展的战略地位；到 2030 年，健康产业规模显著扩大，成为国民经济支柱性产业。2016 年 7 月，《中共中央 国务院关于深化投融资体制改革的意见》明确了投融资机制创新的顶层设计。《中国城市养老指数蓝皮书 2017》指出了构建康养产业可持续发展机制的紧迫性和重要性。2016 年 8 月 19 日，习近平总书记在全国卫生与健康大会上指出，要将健康融入所有政策，践行健康优先战略，这无疑是为包括药品与医疗器械、医疗服务、健康保险、健康养老、互联网医疗等在内的健康产业相关领域注入了一剂强心剂。紧随其后的一系列利好扶持政策刺激了社会资本投资热潮，健康旅游、医养结合等示范项目也在各地纷纷上马。2017 年 10 月 18 日，习近平总书记在党的十九大报告中指出，要实施"健康中国"战略。2017 年 12 月，社会科学文献出版社出版的《康养蓝皮书：中国康养产业发展报告（2017）》指出，我国康养产业发展潜力巨大，到 2030 年将达到 22 万亿元产业规模。2019 年 8 月，《康养蓝皮书：中国康养产业发展报告（2018）》评选出了全国康养 10 强市（地级）和全国康养 50 强县（市）。2021 年 4 月，《康养蓝皮书：中国康养产业发展报告（2020）》全面分析了新型冠状病毒肺炎疫情下我国康养产业的发展现状以及 2020 年康养产业的发展趋势。联合国于 2016 年正式启动《2030 年可持续发展议程》，并指出人类健康可持续发展的目标是：确保健康的生活方式，促进各年龄段人群的福祉。2019 年 12 月，首届中国康养大会在北京召开，标准排名城市研究院、中国健康养老产业联盟通过构建生态环境指数、医疗水平指数、民生幸福指数、产业融合指数、康养政策指数五大类评价指标，对中国 333 个地级行政区（含 293 个地级市）进行打分排序，得出"2019 中国康养城市排行榜"，评选得出"中国康养 50 强"。"健康中国"战略的实施，特别是配合从中央政府到地方政府相关扶持政策的出台和实施，推动康养产业成为近年来一个热门的新兴产业。康养产业的巨大发展潜力也使得地方政府对其重视程度不断提高，许多地方积极挖掘自身康养资源，努力将康养产业发展为当地新的经济增长点。在政府部门的大力扶持和支持下，康养产业也日益成为社会资本的重要投资领域。总体上讲，康养产业的发展呈现出如火如荼的态势。

作为近年来发展迅速、备受关注的新兴产业，康养产业在四川省产业结构中处于特殊的地位，具备显著的发展潜力和发展优势。四川省政府

2017年10月正式印发《四川省大力发展生态康养产业实施方案（2018—2022）》，首次提出要加快建成全国生态康养目的地和生态康养产业强省；2019年提出推进"健康四川"建设。在成渝地区双城经济圈建设背景下，四川省康养产业发展迎来重要发展机遇。发展康养产业对于四川省优化产业结构、实现经济转型升级、应对人口老龄化、改善民生意义重大，是成渝地区双城经济圈实现"高品质生活宜居地"目标定位的必然选择。

2020年5月，《中共中央 国务院关于新时代推进西部大开发形成新格局的指导意见》首次将康养产业明确定位为区域重要支柱产业。这一定位，不仅是对康养产业在国民经济发展中的作用以及近年来很多城市将康养产业作为城市经济转型的重要方向的充分肯定，而且为四川省大力发展康养产业提供了难得的历史机遇。

预测2030年，在中国康养产业市场中，老年人的消费需求将高达20万亿元，2020年和2030年中国老年产业规模将分别达到8万亿元和22万亿元，分别占国内生产总值（GDP）的6%和8%。当前，我国每年为老年人提供的康养生活产品只有5 000亿~7 000亿元，有近84%的老年需求还未得到满足。在发达国家，康养产业已经成为带动整个国民经济增长的强大动力，康养产业增加值占国内生产总值的比重超过15%。而我国当前的康养产业仅占国内生产总值的4%~5%，这样的数值甚至低于许多发展中国家。

就世界贸易来看，医药保健是世界贸易15类国际化产业中增长最快的五大产业之一。就对GDP增长的贡献来说，美国康养产业在国民经济中的占比为17.8%，加拿大、日本等国家也超过了10%，而在我国，这一数据的占比相对较小。

1.2 研究目的与意义

本书的研究目的有两个方面：一是在理论研究目的方面，本书以资本与经济发展关系理论、公共产品理论、公共投资理论、产业发展理论、产业政策理论等为基础，为康养产业投融资机制开展系统性的理论研究，揭示通过投融资机制促进康养产业持续健康发展的内在机理；对康养产业投融资机制构建一个比较完整的理论研究框架，开展系统性的研究，包括投融资机制构建应坚持的原则、投融资机制的主要内容、投融资机制的实现路径和投融资机制的保障体系等。二是在实践应用目的方面，本书结合四川省康养产业发展实际，分析目前四川省康养产业投融资机制中的短板及制约因素，并基于此构建与四川省康养产业发展现状相适应的投融资机制，包括投融资主体、投融资渠道、投融资制度和投融资管理机制等，提出具体的推进路径。本书将为四川省康养产业加快形成投资主体自主决策、政府调控有力有效、融资方式丰富多元、市场环境公平开放的投融资机制以及实现高质量发展提供相关政策建议和智力支持。

2016年7月，《中共中央 国务院关于深化投融资体制改革的意见》明确了投融资机制创新的顶层设计。《中国城市养老指数蓝皮书2017》指出构建康养产业可持续发展机制的紧迫性和重要性。开展康养产业投融资机制研究，将丰富康养产业理论内涵、完善新兴服务产业理论框架。此外，结合四川省康养产业发展实际构建其投融资机制并提出推进路径，将有助于四川省加快形成投资主体自主决策、政府调控有力有效、融资方式丰富多元、市场环境公平开放的康养产业投融资机制，增强康养产业发展内生动力和长远后劲；有助于四川省构建市场机制有效、微观主体有活力、宏观调控有度的经济体制；有助于四川省实施"一干多支、五区协同"区域发展战略，促进乡村振兴，推动民生事业发展，解决区域发展不平衡问题，实现经济高质量发展。

2020年1月3日，中央财经委员会第六次会议决定大力推动成渝地区双城经济圈建设，在西部形成高质量发展的重要增长极，加快建设具有全国影响力的重要经济中心、科技创新中心、改革开放新高地、高品质生活宜居地，打造内陆开放战略高地。在成渝地区双城经济圈建设背景下，四川省康养产业发展迎来了重要发展机遇。但投融资机制不完善是目前四川省康养产业发展的最大难题。本书将推动四川省成为康养产业投融资机制改革的领跑者，成为全国康养产业强省，对其他省份发展康养产业发挥应有的引领与示范作用。

1.3 研究方法与内容

本书以资本与经济发展关系理论、公共物品理论、公共投资理论、产业经济理论、产业政策理论等为基础，结合康养产业的产业投融资特征，研究如何通过投融资机制构建，促进四川省康养产业实现持续健康发展。本书的研究方法包括以下三种：

（1）案例研究法。我们对四川省康养产业开展案例研究，为其投融资机制体系建设提出具有建设性和可操作性的具体方案。

（2）实地调研和专家咨询法。我们选取四川省康养产业发展的典型城市开展实地调研，搜集相关数据资料；对本书领域专家进行咨询和访谈，总结其观点，为相关研究提供借鉴。

（3）比较分析法。我们将康养产业与其他产业进行比较，总结康养产业的资金投融资特征；比较纯公益性、准公益性和经营性养老健康服务产品，针对其各自特征确定不同的投融资机制体系建设内容和具体路径；选取国内外有代表性的国家和地区，通过比较，总结出这些国家和地区在康养产业投融资机制建设方面的主要政策和实践做法，为四川省康养产业投融资机制的构建提供借鉴。

本书的主要研究内容可以分为以下四个部分：

（1）成渝地区双城经济圈建设背景的研究。这部分主要阐述成渝地区双城经济圈建设的战略意义及核心内涵、成渝地区双城经济圈的总体结构与发展水平、成渝地区双城经济圈建设背景下四川省大力发展康养产业的紧迫性，为相关研究界定好现实背景。

（2）康养产业投融资机制相关理论研究。这部分系统梳理康养产业投融资机制的理论基础和研究成果，重点阐述资本与经济增长关系理论、投资乘数理论、公共物品理论、公共财政理论、公共选择理论、项目区分理论、融资结构理论等，科学界定"康养产业投融资机制"和"康养产业投融资机制体系"的内涵与外延；剖析康养产业的基本属性、康养产业发展所处产业生命周期、不同康养产业的资金供需特征，在此基础上分析康养产业的产业投融资特征；结合我国康养产业的产业投资特征，分析我国康养产业的资金需求特征，进而总结我国康养产业的产业融资特征，深入剖析投融资机制促进康养产业发展的内在机理。

（3）康养产业投融资机制相关实践研究。这部分总结我国康养产业及其投融资机制发展现状和四川省康养产业及其投融资机制发展现状，剖析四川省康养产业发展面临的资金瓶颈问题，提炼出四川省康养产业投融资机制存在的问题；选取美国、英国、德国、日本为代表，总结出国外康养产业投融资机制发展经验及可供借鉴之处；选取海南省、深圳市为代表，总结出国内康养产业投融资机制发展经验及可供借鉴之处。

（4）四川省康养产业投融资机制构建研究。这部分以成渝地区双城经济圈建设为现实背景，以相关理论为指导，阐述四川省康养产业投融资机制构建应实现的目标；从投融资主体、投融资渠道、投融资制度体系、投融资管理机制等方面提出四川省康养产业投融资机制构建的主要内容，区分纯公益性、准公益性和经营性养老健康服务产品，分别构建其投融资机制体系的主要内容；提出四川省康养产业投融资机制构建的具体路径，区分纯公益性、准公益性和经营性养老健康服务产品，分别阐述其投融资机制构建的具体路径；从财政补偿、税收优惠、金融支持、土地、人才等方面提出四川省康养产业投融资机制构建的保障政策。

本书的创新包括两方面：一是研究视角的创新。目前，国内外关于康养产业的研究有多个视角和维度，但从投融资机制的视角开展的系统性研究尚付阙如，因此我们专门研究促进康养产业发展的投融资机制，从研究对象的角度来看，是一种创新。二是研究内容的创新。本书结合四川省康养产业发展实际，在对四川省康养产业投融资效益实证研究的基础上，构建起有助于四川省康养产业发展的投融资机制，包括构建康养产业投融资机制应遵循的原则、康养产业投融资机制的主要内容、康养产业投融资机制的实现路径、康养产业投融资机制的保障体系等，从研究内容的角度来看，同样也是一种创新。

2 成渝地区双城经济圈建设背景

推动成渝地区双城经济圈建设是党中央着眼"两个大局"、打造带动全国高质量发展重要增长极的战略决策。成渝地区双城经济圈建设是习近平总书记亲自研究、亲自谋划、亲自部署的重大国家战略，是四川省在历史交汇期迎来的重大战略机遇，对于四川省加快在西部地区形成高质量发展的重要增长极、协同带动攀枝花市高质量发展起到重要作用。

成渝地区作为西部地区经济腹地和战略后方，以全国 1.9%的土地面积承载了全国 6.9%的常住人口，创造了全国 6.3%的经济总量，是我国经济发展韧性和战略纵深的重要载体。

在"十三五"规划收官之年的重要时间节点，以及在国内外新的发展环境和发展形势下，"成渝地区双城经济圈"战略的提出，是党中央对于新时代我国社会经济区域协调发展做出的重大布局，为成渝地区高质量发展带来了重大历史机遇。

作为我国重要的经济区域，成渝地区一直是国家规划和建设的重点，围绕着这一区域的战略规划也一直没有间断过。2011 年 5 月，国务院批复并实施《成渝经济区区域规划》；2015 年，四川省政府和重庆市政府联合签署《关于加强两省市合作共筑成渝城市群工作备忘录》；2016 年 5 月，国家发展和改革委员会、住房和城乡建设部联合印发《成渝城市群发展规划》；2016 年 6 月，四川省政府和重庆市政府联合签署"1+10"系列合作协议；2018 年 6 月，重庆与四川两地政府共同签署《重庆市人民政府、四川省人民政府深化川渝合作深入推动长江经济带发展行动计划（2018—2022 年）》；2019 年 7 月，四川和重庆两地政府签署了深化川渝合作"2+16"系列工作方案（协议）；2018 年 11 月，中共中央、国务院明确要求以成都市、重庆市为中心，引领成渝城市群发展；2020 年 1 月 3 日，中央财经委员会第六次会议决定大力推动成渝地区双城经济圈建设，在西部地区形成高质量发展的重要增长极，加快建设具有全国影响力的重要经济中心、科技创新中心、改革开放新高地、高品质生活宜居地，打造内陆开放战略高地，成渝地区双城经济圈建设上升为国家战略；2020年10月，中国共产党中央委员会政治局召开会议，审议《成渝地区双城经济圈建设规划纲要》，标志着成渝地区发展进入新的历史阶段。

2.1 成渝地区双城经济圈建设的战略意义

在《推动形成优势互补高质量发展的区域经济布局》这篇重要文章中，习近平总书记提到了新形势下促进区域协调发展的总思路，并明确指出，要尊重经济规律，按照客观经济规律调整完善区域政策体系，发挥各地区比较优势，促进各类要素合理流动和高效聚集，增强创新发展动力，形成优势互补、高质量发展的区域经济布局。"成渝地区双城经济圈"战略的提出，是党中央站在新的历史起点上做出的重大战略部署，具有重要的战略意义。

首先，成渝地区双城经济圈建设具有带动全国实现区域协调发展的战略意义。区域经济发展不平衡不充分仍然是我国经济发展存在的主要矛盾和问题。目前，我国已经形成京津冀、长三角和粤港澳三大经济圈，但这三大经济圈都分布在东部地区，我国中、西部地区缺少形成规模的经济圈，这使得我国中、西部地区发展与东部地区的差距有扩大的趋势，不利于实现区域协调发展。将成渝地区双城经济圈建设上升为国家战略，有利于充分发挥成渝地区东西互济、南北贯通、陆海联动的区位优势，弥补了我国中、西部地区发展缺少"龙头"的短板，将与京津冀、长三角和粤港澳三大经济圈一道推动东、中、西部地区实现协同发展。

其次，成渝地区双城经济圈建设具有推动我国"一带一路"建设和完善我国对外开放新格局的战略意义。成渝地区位于长江上游，是西部大开发的战略支点，是长江经济带和"一带一路"的连接点，也是西部"陆海新通道"的前端，在区位上具有连接西南西北，沟通东亚与东南亚、南亚的独特优势。成渝地区双城经济圈是我国西部人口最密集的区域、产业基础最雄厚的区域、创新活力最强的区域、开放程度最高的区域，将成渝地区双城经济圈建设上升为国家战略，将有利于进一步推动我国"一带一路"建设，加强我国同东亚与东南亚、南亚国家的沟通和联系，推动我国对外开放形成新格局。

最后，成渝地区双城经济圈建设具有推动新时代西部大开发、引领长江经济带实现快速发展的战略意义。2020 年 5 月，《中共中央 国务院关于新时代推进西部大开发形成新格局的指导意见》指出，强化举措推进西部大开发形成新格局，是党中央、国务院从全局出发，顺应中国特色社会主义进入新时代、区域协调发展进入新阶段的新要求，统筹国内国际两个大局做出的重大决策部署。我国要加快形成西部大开发新格局，推动西部地区实现高质量发展。将成渝地区双城经济圈建设上升为国家战略，有利于进一步贯彻新发展理念，推动西部实现高质量发展；有利于加大美丽西部建设力度，筑牢国家生态安全屏障；有利于与长江中游城市群联动，引领长江经济带实现快速发展。

2.2 成渝地区双城经济圈的核心内涵

从内涵上看，"成渝地区双城经济圈"是基于经济地理学、区域经济学等学科基础理论提出的一个都市圈概念。都市圈是指围绕某一个中心城市的城镇化形态。"城市群（经济圈）"与"都市圈"是两个不同的概念，城市群（经济圈）是由若干个都市圈构成的广域城镇化形态，其内部应该包含若干个中心城市。从体量和层级上看，都市圈要低于城市群（经济圈）。

成渝地区双城经济圈的规划范围包括重庆市的中心城区和万州、涪陵、綦江、大足、黔江、长寿、江津、合川、永川、南川、璧山、铜梁、潼南、荣昌、梁平、丰都、垫江、忠县等 27 个区（县）及开州、云阳的部分地区，以及四川省的成都市和自贡、泸州、德阳、绵阳（除平武县、北川县外）、遂宁、内江、乐山、南充、眉山、宜宾、广安、达州（除万源市外）、雅安（除天全县、宝兴县外）、资阳 15 个市。成渝地区双城经济圈规划总面积达 18.5 万平方千米，2019 年常住人口为 9 600 万人，地区生产总值近 6.5 万亿元，分别占到全国总比例的 1.9%、6.9% 和 6.3%。

成渝地区双城经济圈是双核心经济圈，成都市和重庆市两个中心城市是成渝地区的核心。以成都市和重庆市两个中心城市为极核，成渝地区形成多层经济圈。其中，第一圈层由自贡、乐山、眉山、德阳、遂宁、潼南、合川、长寿、南川、万盛、綦江、江津、永川、荣昌等地区为连接线构成；第二圈层由绵阳、南充、广安、涪陵、武隆、泸州、宜宾、雅安等地区为连接线构成；第三圈层由甘孜藏族自治州（以下简称"甘孜"）、阿坝藏族羌族自治州（以下简称"阿坝"）、凉山彝族自治州（以下简称"凉山"）和广元、巴中、达州、万州、黔江、酉阳等地区为连接线构成。以上 3 个圈层层层相套，形成 3 个集合，如同洋葱结构一样紧紧包围着成都市和重庆市两个中心城市，各城市紧紧环抱在一起，形成整个成渝地区双城经济圈。

2.3 成渝地区双城经济圈的总体结构和发展水平

2.3.1 成渝地区双城经济圈的总体结构

从总体结构来看，成渝地区双城经济圈是一个以成都市和重庆市两个中心城市为极核的双核心经济圈，除了以成都市为中心的成都市平原城市群和以重庆市主城区为中心的重庆市城市群两大知名城市群外，还包括川南城市群、川东北城市群、渝西城市群、南遂广城市群、达万城市群等多个次区域城市群。

从成渝地区双城经济圈内部城市的发展水平来看，成渝地区双城经济圈呈现出显著的"两中心独大"的特征。具体而言，就是成都市和重庆市经济总量大、发展水平高，其他城市则相差较远，难以承担次级中心城市的重任。2019 年，成渝地区双城经济圈的城市中，地区生产总值突破万亿元的城市仅成都市和重庆市两个，成都市实现地区生产总值为 17 012.65 亿元，重庆市实现地区生产总值为 23 605.77 亿元，在成渝地区双城经济圈地区生产总值中的占比分别达到 26.15% 和 36.28%。成都市、重庆市两个中心城市 2019 年的地区生产总值在成渝地区双城经济圈中的占比之和高达 62.43%。可以看出，"两中心独大"的特征非常显著。

此外，除成都市和重庆市两个中心城市之外，地区生产总值突破 0.5 万亿元的城市一个都没有。2019 年，绵阳、宜宾、德阳、南充、泸州、达州等地的地区生产总值均在 2 000 多亿元，绵阳最多，为 2 856.2 亿元，宜宾紧随其后，为 2 601 亿元。就重庆市而言，2019 年，全市 38 个县（区）中有 6 个地区生产总值超过 1 000 亿元，其中渝北区为 1 848.24 亿元，九龙坡区为 1 462.88 亿元，渝中区为 1 301.35 亿元。

从城镇化发展水平来看，成渝地区双城经济圈城镇化水平的区域性差异较大，同样呈现"两中心独大"的特征。两大核心城市（成都市、重庆市）的城镇化水平分别为 73.12% 和 65.50%，而资阳、广安的城镇化水平只有 42.7% 和 41.9%。

成渝地区双城经济圈内部"两中心独大"的结构性特征使得其内部在发展中存在比较严重的不均衡不协调问题，影响到成渝地区双城经济圈的高质量发展，迫切需要在推动成渝地区双城经济圈建设的过程中，充分发挥成都市和重庆市两大核心城市的辐射带动作用，加快推动其他中小城市通过加强合作，实现共同发展。也只有这样，才能保证成渝地区双城经济圈实现高质量发展。

2.3.2 成渝地区双城经济圈的发展水平

近年来，成渝地区生产总值年均增长在 8% 以上，在公共事业、科技、人才等领域取得显著成效，重庆市和成都市的综合实力及国际影响力显著提高。根据中国社会科学院和联合国人居署联合课题组联合发布的《全球城市竞争力报告 2019—2020》，成都市和重庆市在国际门户城市排名中分别位列（C+）和（C）等级。在全球城市经济竞争力排行中，成都市和重庆市分别排名第五十四位和第八十一位。成都市和重庆市的人口规模、经济总量都已经进入全国前 10 位。2019 年，成渝地区双城经济圈的地区生产总值占全国的比重超过 6.3%，已经成为我国西部地区经济社会发展、生态文明建设、改革创新和对外开放的重要引擎。成渝地区双城经济圈的现代产业体系加快建立，一些产业的发展水平在全国处于前列，包括电子信息产业、装备制造产业、现代金融产业等。新型城镇化建设快速推进，常住人口城镇化率已达到 60.1%。2019 年，成渝地区双城经济圈实现地区生产总值达 6.5 万亿元、一般公共预算收入为 6 354 亿元，在西部地区的占比分别达到 34% 和 50.59%；人均 GDP 为 6.35 万元，为西部地区人均 GDP 的 1.47 倍。

此外，与国内外的经济圈相比，成渝地区双城经济圈的发展水平还存在不小的差距。与国外经济圈相比，2019 年成渝地区双城经济圈的经济总量仅相当于美国东北部大西洋沿岸经济圈的 1/5、日本太平洋沿岸经济圈的 1/4、北美五大湖经济圈的 1/4。与国内的京津冀、长三角和粤港澳三大经济圈相比，2019 年成渝地区双城经济圈的经济总量只相当于长三角经济圈的 1/3、京津冀经济圈的 2/3、粤港澳经济圈的 2/3。2019 年，长三角地区实现地区生产总值为 20 万亿元、财政收入为 23 015 亿元、城镇居民人均可支配收入为 61 617 元，成渝地区双城经济圈的相关数据分别为 6.5 万亿元、6 354 亿元和 37 046 元，分别为长三角地区的 35%、27.60% 和 60.12%。2019 年，长三角地区生产总值突破万亿的城市有 5 个，分别是上海（38 155.32 亿元）、苏州（19 235.80 亿元）、杭州（15 373 亿元）、南京（14 050 亿元）、宁波（11 985 亿元），而成渝地区双城经济圈中生产总值突破万亿的城市只有 2 个，分别是成都市（17 012.65 亿元）和重庆市（23 605.77 亿元）。

根据第四次全国经济普查，川渝地区的通用设备制造业的从业人员达 31.4 万人，占全国相关比重的 4.42%；资产达 2 896.01 亿元，占全国相关比重的 4.92%；营收达 2 849.15 亿元，占全国相关比重的 5.68%。专用设备制造业的从业人员有 21.62 万人，占全国相关比重的 4.05%；资产达 2 266.4 亿元，占全国相关比重的 4.29%；营收达 1 857.18 亿元，占全国相关比重的 4.87%。汽车制造业从业人员达 52.32 万人，占全国相关比重的 9.41%；资产达 6 939.6 亿元，占全国相关比重的 7.97%；营收达 7 132.64 亿元，占全国相关比重的 8.11%。铁路、船舶、航空航天和其他运输设备制造业从业人员达 22.78 万人，占全国相关比重的 12.02%；资产达 2 279.57 亿元，占全国相关比重的 8.2%；营收达 1 843.51 亿元，占全国相关比重的 11.25%。川渝地区的农副食品加工业从业人员达 30.35 万人，占全国相关比重的 7.11%；资产达 1 894.09 亿元，占全国相关比重的 5.05%；营收达 3 543.37 亿元，占全国相关比重的 6.9%。食品制造业从业人员达 17.87 万人，占全国相关比重的 7.10%；资产达 992.78 亿元，占全国相关比重的 5.02%；营收达 1 525.85 亿元，占全国相关比重的7.36%。酒、饮料和精制茶制造业从业人员达 24.89%，占全国相关比重的14.18%；资产达 3 431.69 亿元，占全国相关比重的 16.28%；营收达3 403.54 亿元，占全国相关比重的 20.67%。这 3 个食品饮料行业的从业人员合计达 73.11 万人，资产合计达 6 318.56 亿元，营收达 8 472.76 亿元。四川省也将食品饮料作为万亿级产业列入"5+1"工业支柱产业。川渝地区的医药制造业从业人员也达 17.46 万人，占全国相关比重的 7.52%；资产达 2 380.5 亿元，占全国相关比重的 6.51%；营收达 1 931.36 亿元，占全国相关比重的 7.78%。川渝地区计算机、通信和其他电子设备制造业在2018 年年底已有 63.96 万从业人员，占全国相关比重的 6.30%；资产已达9 426.22 亿元，占全国相关比重的 8%；营收达 9 471.1 亿元，占全国相关比重的 8.23%。目前，成渝地区双城经济圈已成为世界主要汽车工业基地。2019 年，四川全省生产汽车达 111.7 万辆，产值近 3 000 亿元；重庆全市生产汽车达 138 万辆，实现产值为 3 227 亿元。川渝地区汽车制造业从业人员达 52.32 万人，占全国相关比重的 9.41%；资产达 6 939.6 亿元，占全国相关比重的 7.97%；营收达 7 132.64 亿元，占全国相关比重的8.11%。2020 年 6 月，四川省经济和信息化厅、重庆市经济和信息化委员会签署了《成渝地区双城经济圈汽车产业协同发展战略合作协议》，面向汽车产业"新四化"发展趋势，以发展新能源和智能网联汽车为主线，提升产业配套合作、加速新兴产业集聚、推动技术创新协作、促进应用示范融合、共享检验检测资源、营造协同发展氛围，为打造成渝汽车产业集群提供有力支撑，力争将其打造成为世界重要的汽车研发、制造、应用基地。

2019 年，四川省全年社会消费品零售总额超过 2 万亿元，城镇居民恩格尔系数下降到了 32.6%，医疗保健消费支出增长了 23.2%，城镇居民人均消费支出达到 25 367 元，增长 8.0%；重庆市城镇居民恩格尔系数下降到了 31.2%，城镇居民人均消费支出达到 25 785 元，增长 6.8%。

单就与康养产业密切相关的养老服务需求而言，成都市和重庆市的老年人口总数目前已超千万，与京津冀、长三角、珠三角中的重点城市相比，成渝地区双城经济圈老年人口总量第一，而养老服务供给能力则相对不足。

根据《国务院办公厅关于推进养老服务发展的意见》，四川省和重庆市也分别出台了《四川省人民政府办公厅关于推进四川养老服务发展的实施意见》和《重庆市推进养老服务发展实施方案》，以此全面加快建设养老服务体系。四川省的目标是到 2022 年，养老机构护理型床位占比不低于 50%，力争养老机构社会化运营的床位不低于 60%。

2019 年，四川省接待国内游客达 7.5 亿人次，增长 7.0%，实现国内旅游收入为 11 454.5 亿元。重庆和四川作为双方最大的客源地，2019 年，两地区接待对方游客总量超过 1.4 亿人次。原国家质量监督检验检疫总局、国家标准化管理委员会共同发布的《养老机构服务质量基本规范》，力争将四川打造成西部养老服务高地、全国养老服务示范省。

康养产业日益成为成渝地区双城经济圈现代服务业的重要组成内容，也成为成渝地区主要城市争相发展的新兴产业。除了攀枝花之外，四川省的雅安、温江、都江堰、广元、南充以及重庆巴南区等地区也在结合自身比较优势发展各具特色的康养产业。2020 年 5 月，四川省中医药管理局与重庆市中医药管理局已签订了成渝地区中医药一体化发展合作框架协议。

2020 年，四川省文化和旅游厅、重庆市文化和旅游发展委员会已签署《成渝地区文化和旅游公共服务协同发展合作协议（2020—2025 年）》，成立了巴蜀文化旅游走廊建设专项工作组联席会，共同推动建设巴蜀文化旅游公共服务融合高质量发展示范区。

目前，川渝地区的农业增加值占到了全国的 9%，农业现代化在川渝地区的发展水平很高。新中国成立以后，川渝地区农业的第一波发展高潮得益于"三线建设"的国家战略；进入 21 世纪之后，"西部大开发"等国家战略进一步提升了川渝地区的基础设施建设和资源型产业以及"三线建设"积累的相关产业；全球金融危机之后，川渝抓住机遇、因势利导，承接了沿海地区的产业转移，发展壮大了电子信息等出口导向型产业；21 世纪以来，"一带一路"和"长江经济带"等国家战略为川渝内陆开放创造了新的战略条件。而新发展阶段的成渝地区双城经济圈相关发展战略，将持续加速我国经济内移和世界经济东移，加快形成双循环的新发展格局。

2.4 成渝地区双城经济圈建设背景下四川省大力发展康养产业的紧迫性

作为近年来发展迅速、备受关注的战略性新兴产业，康养产业在四川省产业结构中处于特殊地位，具备显著的发展潜力和发展优势。在成渝地区双城经济圈建设背景下，四川省康养产业发展迎来了重要的发展机遇。深入分析成渝地区双城经济圈建设背景下四川省康养产业发展的紧迫性，结合四川省康养产业发展面临的困境提出具体的发展对策，对于四川省抓住成渝地区双城经济圈建设战略机遇、促进康养产业快速发展具有重要的现实意义。

2.4.1 协同推进生态建设与经济发展，建设美丽西部的迫切要求

四川省有 43 万平方千米的土地处于长江流域范围内，涵养着长江27%的水量，维系着长江下游 3 亿多人口的饮水安全。四川省生物资源种类丰富，位居全国第二。优良的自然禀赋，使得四川省在筑牢长江上游重要生态屏障中具有举足轻重的地位。

成渝地区双城经济圈建设背景下的"加快建设具有全国影响力的高品质生活宜居地"的建设目标，要求四川省协同推进生态建设和经济发展，兼顾生态与经济目标，持续推进经济发展方式转变，走绿色发展之路。

康养产业具有资源消耗低、综合效益好等优势，属于典型的"绿色产业"。大力发展康养产业，是筑牢长江上游重要生态屏障的需要，是推动四川省经济转型和实现社会经济持续发展的创新引擎，也是响应和助力"美丽西部"相关发展战略的客观要求。

2.4.2 发挥比较优势，打造区域重要支柱产业的迫切要求

2020 年 5 月，中共中央、国务院印发的《中共中央 国务院关于新时代推进西部大开发形成新格局的指导意见》提出，要支持西部地区依托风景名胜区、边境旅游试验区等，大力发展旅游休闲、健康养生等服务业，打造区域重要支柱产业。

理论研究表明，某一个国家的人均 GDP 决定了该国人口的消费能力和消费水平。人均 GDP 达到 5 000 美元后，健康消费成为家庭消费的重要增长点。2019 年，我国人均 GDP 超过 1 万美元。人们在追求生命长度的同时，日益关注生命的丰度（精神层面的丰富度）和生命的自由度（生命的质量），通俗来讲，就是人们在追求活得长的同时，更追求活得健康、活得有尊严。在我国加速进入老龄社会的特殊时期，推动康养产业发展，也是满足数量庞大的老年人群对于美好生活需要的必然选择。全国老龄工作委员会办公室统计，党的十八大以来，习近平总书记在各种会议、文件、调研、考察、出访中对加强老龄工作做出数十次重要指示批示。

"成渝地区双城经济圈"战略的实施要求四川省在总体战略指导下加快现代产业体系建设，这就需要积极谋划，打造区域重要支柱产业。四川省拥有多处世界自然与文化遗产，包括九寨沟、黄龙风景名胜区、青城山、都江堰等。优良的自然禀赋和独特的巴蜀文化，使得四川省在发展康养产业方面具有明显的比较优势。四川省应积极发展比较优势，推动康养产业快速发展，形成全域化布局、全时段开发、全周期服务，提高康养产业在该地区国民生产总值中的占比，将其发展成为四川省重要的支柱产业。

2.4.3 实现脱贫攻坚，推动乡村振兴的迫切要求

2020 年是我国坚决打赢脱贫攻坚战的决胜之年，是推动乡村振兴的关键之年。《中共中央 国务院关于新时代推进西部大开发形成新格局的指导意见》指出，西部地区发展不平衡不充分问题依然突出，巩固脱贫攻坚任务依然艰巨。对于四川省而言，成都市发展要素聚集，经济发展水平较高，但其腹地广阔、地区产业薄弱、城乡差距较大。成都市 2019 年人均 GDP 已经超过 10 万元，比全国平均水平高 40%，已经跨过了联合国高收入经济体 12 700 美元的门槛。而四川省 2019 年的整体人均 GDP 只有 55 774 元，只有全国平均水平的 80%。此外，四川省城乡公共服务二元结构矛盾突出，养老、医疗等优势资源主要集中在城市地区，乡村地区优质养老、医疗等公共资源相对匮乏。

"成渝地区双城经济圈"战略的实施要求四川省实现城乡融合发展，要推动乡村实现产业结构优化和发展方式转变，使乡村聚集更多的发展要

素和发展资源，与城市地区享有均等的公共服务。

康养产业具有与农业深度融合的特征，广大乡村地区利用各自的自然条件和人文优势，通过建设一批农业主题公园、特色农产品生产加工基地和田园综合体，打造一批文旅小镇、康养小镇、旅游新村、康养农庄、自驾游营地等，大力发展观光农业、体验农业、森林康养等新兴康养产业新业态，可以带动乡村实现产业结构的持续优化。我国通过大力发展基本养老、基本医疗等基本康养服务，能够提升乡村养老、医疗等公共领域发展水平，有助于实现城乡基本公共服务均等化，助力乡村振兴。

2.4.4 应对人口老龄化，满足老年人美好生活需要的迫切要求

四川省作为人口大省，截至 2018 年年末，其常住人口达 8 341 万人，占全国人口 6%，居全国第四位。此外，四川省老龄化水平显著高于全国平均水平。2018 年，四川省 60 周岁及以上常住人口为 1 762.5 万人，占人口总量的 21.13%，比全国高 3.25 个百分点；65 周岁及以上常住人口为 1 181.9 万人，占人口总量的 14.17%，比全国高 2.23 个百分点。从老龄化发展速度来看，四川省老龄化发展速度较快，2018 年 60 周岁以上人口占比相对 2010 年提高 4.83 个百分点，平均每年提高 0.6 个百分点；65 周岁以上人口占比相对 2010 年提高 3.22 个百分点，平均每年提高 0.4 个百分点。根据预测，到 2030 年和 2050 年，四川省 65 周岁及以上人口占比将分别达到 20.11% 和 25.7%。

按照国际标准，一个国家或地区 65 周岁及以上人口占比超过 7% 时，标志着该国家或地区进入老龄化；达到 14% 时，为深度老龄化；超过 20% 时，则进入超老龄化社会。按照这一标志，四川省 2018 年已进入深度老龄化社会阶段。

2011—2019 年全国和四川省老年人口抚养比①数据见表 2.1。

---

① 老年人口抚养比又被称为老年人口抚养系数，是指老年人口数与劳动年龄人口数之比，通常用百分比表示，用以表明每 100 名劳动年龄人口要负担多少名老年人。老年人口抚养比是从经济角度反映人口老化社会后果的指标之一。

表 2.1 2011—2019 年全国和四川省老年人口抚养比数据

区域范围	年份								
	2011	2012	2013	2014	2015	2016	2017	2018	2019
全国	12.25	12.66	13.08	13.69	14.33	15.00	15.86	16.77	17.80
四川省	16.77	16.42	18.05	20.04	18.18	19.47	19.83	21.83	—

数据来源：Wind 金融数据库。

从表 2.1 可以看出，四川省老年人口抚养比长期以来持续高于全国平均水平 4~5 个百分点，反映出四川省深度老龄化带来的经济负担。

按照《全国主体功能区规划》要求，成渝地区作为国家层面的重点开发区域之一，在支撑全国经济增长、落实区域发展总体战略、促进区域协调发展的同时，外来人口将在现有基础上进一步增加，人口承载能力进一步提高，人口将加快集聚。因此，四川省人口总量将加速增加，人口老龄化问题也将不断加深。

除了老年人口规模持续扩大、占比不断提高的特征外，四川省农村人口老龄化水平明显超过城镇、80 周岁以上高龄老年人口增速快、失能半失能老年人数量不断增多以及老年人健康养老需求不断增加等，这些都对四川省加快发展康养产业提出迫切的现实要求。

3 康养产业投融资机制概述

3.1 理论基础

资本与经济增长关系理论、投资乘数理论、公共物品理论、公共财政理论、公共选择理论、项目区分理论、融资结构理论等构成了产业投融资的理论基础。

3.1.1 资本与经济增长关系理论

对于资本与经济增长的关系，古典经济学中最先进行创新性研究的是重农学派，它重点考察了农业资本这种特殊的农业生产形式。对资本与经济增长关系最早进行深入探讨的古典经济学家是亚当·斯密和大卫·李嘉图。1776年，古典学派的代表人物亚当·斯密在《国富论》中阐述了资本积累对一国财富增长的重要性，认为物质资本积累是经济增长的源泉。例如，资财积蓄（投资）对各种资本的影响；资本的不同用途，对国民产业量及土地和劳动的年产物量会直接产生什么不同的影响；增进一国土地和劳动的年产物的价值只有两种办法，即增加生产性劳动者的数目和增进受雇劳动者的生产力，但无论如何，都有必要增加资本；要改良工厂机器，少不了增加资本，而要改良工作的分配，更少不了增加资本。斯密把国民经济产出的增长主要归结于两个因素：一是资本的积累；二是资本的正确配置。而经济增长最基本的决定因素是资本的形成率，即投资率。大卫·李嘉图也认为物质资本积累是经济发展的动力。他认为，生产是"劳动、机器和资本的联合运用"。李嘉图把资本和劳动等同起来，把资本

作为生产要素的一种。另外，探讨资本与经济增长关系的理论还有哈罗德
—多马经济增长模型。这一模型更加强调资本积累在经济增长中的作用。
索洛和斯旺经济增长模型在强调技术对经济增长贡献的同时，也十分看重
资本积累对经济增长的贡献。在哈罗德—多马经济增长模型中，投资的作
用极为重要，是经济增长最直接的动因。

3.1.2 投资乘数理论

20 世纪 30 年代，英国著名经济学家约翰·梅纳德·凯恩斯创立了投
资乘数理论。凯恩斯在其名著《就业、利息和货币通论》一书中，系统地
说明了当经济中存在有效需求不足时，增加投资对经济增长所产生的促进
作用。他认为，在一定的消费倾向下（消费倾向大于零），投资的增加可
导致国民收入和就业量若干倍的增加。凯恩斯主义的继承者甚至把投资看
成决定经济增长的能动因素。凯恩斯的投资乘数理论从投资的需求效应角
度说明了投资增长与收入增量之间的量变关系。

3.1.3 公共物品理论

公共物品理论是西方财政经济学的核心理论。公共物品是相对于私人
物品而言的。一般而言，根据其非竞争性与非排他性的特性，社会物品可
以分为公共物品、私人物品和准公共物品。公共物品具有非竞争性与非排
他性。非排他性容易引发免费搭便车现象，使消费者不支付代价便能获得
收益。非竞争性意味着生产者无法获得预期中的最大利润，而私人部门由
于无法获得足够的利润，因而不愿意成为公共物品的供给方。因此，在公
共物品的供给方面存在市场失灵，政府应该成为公共物品的主要提供者。

3.1.4 公共财政理论

理查德·阿贝尔·马斯格雷夫（1959）提出了公共财政理论，分析了
国家工业化过程中政府投资与民间投资之间的关系，指出在不同阶段政府
投资的侧重点应根据实际情况适时调整。在经济发展初期，要促进经济增
长，政府应该加大投资力度，特别是要加大基础设施投资力度，完善基础
配套设施，为民间资本投资创造良好环境。在经济发达阶段，政府投资也
应该保持一定的增长，但此时的重心应由初期的基础设施投资转向教育、

医疗、社会保障等方面。公共财政理论认为，社会经济运行应以市场调节为主，只有在市场失灵的领域，政府才需要对其进行适应性调节，对市场进行干预。财政就是政府干预的一种手段，公共财政就是集中一部分社会资源用于生产或提供公共物品，以满足公共需要的政府收支活动。公共财政的主要职能包括资源配置职能、收入分配职能和经济稳定职能。

3.1.5 公共选择理论

公共选择理论是关于政府性投资领域的理论，它产生于 20 世纪 40 年代末，在 20 世纪 60 年代形成基本原理和框架。公共选择是指向人们提供什么样的公共物品，怎样提供和分配公共物品，以及如何设立相应匹配规则的行为与过程。现代公共选择理论的奠基人邓肯·布莱克认为，经济人的基本假设前提是每个人都是理性的，都以追求自身效用和利益最大化为目标，公共利益能在一定程度上影响其行为方式，但是并不起决定性作用。更多时候，出于对自身利益的追求，政府部门政策制定者会做出导致政府失灵的决策，造成决策部门在制定政策时做出违背公众利益最大化的选择，从而背离了政府公共服务的职能。

3.1.6 项目区分理论

项目区分理论要求根据项目自身的属性特点，决定项目的投资主体、运作模式、权益归属等。项目区分理论将项目区分为公益性项目、准经营性项目和经营性项目。以上三类项目的主要区别是收费机制与项目资产的收益特征不同。从产品的内在属性来看，公益性项目由于自身存在的非排他性与非竞争性，应该主要由政府单方面进行出资建设；准经营性项目的成本与收益不相匹配，社会资本投入动力不足，需要政府采用政策扶持手段介入；经营性项目由于存在资产收益性特征，自身存在盈利空间，可以独立获得市场化运作收益。项目区分理论的目的是区分政府投资与社会资本投资，其中公益性项目应该由政府投资建设，准经营性项目需要政府提供一定的财政支持，经营性项目应该完全由社会资本投资建设。

3.1.7 融资结构理论

现代融资结构理论又被称为企业融资理论，其认为，为了实现市场价值最大化，企业往往需要寻求最佳的融资结构。由于各种融资方式的资金成本、净收益、税收以及债权人对企业所有权的认可程度等方面各不相同，在给定投资机会时，企业就需要根据自身的情况选择相应的融资方式，以实现最佳的融资结构和企业市场价值的最大化。合理的融资结构不仅能够决定企业的市场价值，同时还对企业的融资成本、企业产权分配、治理结构等多方面产生一定的影响。从发展阶段来看，融资结构理论大体经历了三个阶段，即早期资本结构理论、现代资本结构理论和新资本结构理论。

早期资本结构理论认为，如果企业只采用权益资本和负债两种融资方式，那么总资本成本率就是权益性资本成本率和债务性资本成本率的加权平均成本率。而企业的目标又是实现企业的市场价值最大化，企业的市场价值一般由权益资本价值和债务价值组成。因此，在企业息税前盈利既定的情况下，总资本成本率最低时，也就意味着企业的市场价值达到了最大值。因此，衡量企业是否实现了最佳的资本结构，主要是看企业的市场价值是否最大或资本成本是否最低。1952年，杜兰特将早期资本结构理论分为净收益理论、净营业收益理论和传统理论（折中理论）。净收益理论认为，通过负债融资提高企业的财务杠杆比率，可以降低总资本成本率，进而提高企业的市场价值。根据该理论，当企业负债率达到100%时，即可满足负债资本成本和权益资本成本的加权平均资本成本达到最低，并实现企业市场价值最大化。显然，该理论过分强调了财务杠杆的作用，但未意识到财务风险对资本结构的影响。净营业收益理论认为，不论企业财务杠杆如何变化，企业加权平均资本成本都是固定的，因此企业的总价值不发生任何变化，即企业价值与资本结构不相关。根据该理论，最佳的资本结构并不存在，也就不存在资本结构的决策问题。传统理论（折中理论）是介于净收益理论和净营业收益理论两者之间的理论。该理论认为，债务成本率、权益资本率和总资本成本率均可能随着资本结构的变化而变化。企业利用财务杠杆会导致权益成本的上升，但只要没有超过一定的限度，权益成本的上升就能被债务的低成本所抵销，加强平均成本会随着负债率的增加而逐渐降低，企业市场价值会有所提高并可能在此限度内达到最大值。因此，企业的资本成本并不独立于资本结构之外，企业确实存在一个最佳的资本结构，即在加权平均资本成本由降低转为上升的拐点上。

现代资本结构理论以 MM 理论和权衡理论为代表。1956 年，莫迪利亚尼和米勒提出 MM 理论，该定理证明，在一定条件下，企业的价值与它们所采取的融资方式无关，即不论是发行股票还是发行债券，对企业的价值没有任何影响。因此，MM 理论又被称为资本结构无关论。权衡理论产生于 20 世纪 70 年代，该理论认为，负债的增加可以使企业无形中获得税收优惠的好处，但这并不是无限的。随着负债率的增加，企业陷入财务危机甚至破产的可能性将会增加，企业的各种费用和风险累计成额外成本，进而降低了企业的市场价值。因此，企业必须对利息减税收益和破产风险进行权衡。

新资本结构理论出现在 20 世纪 70 年代中后期，其在现代资本结构理论的基础上引入了代理理论、信号理论、融资顺序理论和控制权理论等。代理理论是由简森、梅克林于 1976 年提出的，它系统分析和解释了信息不对称条件下的企业融资结构问题。该理论认为，均衡的企业所有权结构是由股权代理成本和债权代理成本之间的平衡关系来决定的。当两种融资方式的边际代理成本相等时，总的代理成本达到最小，企业可以实现最佳资本结构。信号理论则由迈克尔·斯宾塞于 1973 年最早提出。该理论认为，企业经营者和投资者对公司信息的了解是不对称的，如企业经营者根据内部信息得知企业的未来收益和投资风险的大小，而外部投资者却无法获取企业的内部信息，只能通过资产负债率和企业债务比例信息间接评价企业的市场价值。外部投资者会把企业较高的负债率看成企业高质量的一个信号，把企业较低的负债率看成企业低质量的一个信号，这种信号会促使企业尽可能少用股权融资。融资顺序理论由迈尔斯于 1984 年提出。该理论认为，企业在需要资金时会优先选择内源融资，在内源融资难以满足其资金需求时才会发行债券，在此之后才会发行股票。企业的融资顺序向市场传达关于企业运营质量的信息，从而影响企业的市场价值。控制权理论主要是从企业经营者对控制权本身的偏好角度讨论资本结构问题，其最早由伯利和米恩斯于 1932 年提出。该理论认为，企业融资结构在决定企业收入分配的同时，还决定了企业控制权的分配。也就是说，公司治理结构的有效性在很大程度上取决于其融资结构。资本结构的选择问题也就是控制权在不同证券持有者之间如何进行分配的问题。

3.2 康养产业概念与范畴界定

3.2.1 康养产业的概念界定

从国内外研究现状可以看出，目前学术界对于"康养产业"的概念界定尚未形成统一的、权威的观点。具体来讲，目前国内关于"康养产业"的概念界定比较有代表性的有三个：一是 2017 年 7 月首届中国西部康养产业发展论坛上提出的，康养产业是健康与养老产业的统称，是现代服务业的重要组成部分。二是李后强等（2019）提出的观点。他们认为"康养"是在特定的外部环境下，通过一系列行为活动和内在修养实现个人身体上及精神上的最佳状态，并认为"康养"包含"健康"和"养生"两个方面。三是何莽（2019）提出的"康养"定义。他将"康养"定义为：结合外部环境以改善人的身体和心智并使其不断趋于最佳状态的行为活动。他认为"康养"是一个更具包容性的概念，涵盖范围广泛，与之对应的康养行为也十分宽泛。"康养"兼顾生命的三个维度，即生命长度（寿命）、生命丰度（精神层面的丰富度）和生命自由度（国际上用以描述生命质量高低的指标体系）。他还认为，"康养产业"是为社会提供康养产品和服务的各相关产业部门组成业态的总和，涉及国民经济多个部门及行业。

对于"康养产业"的概念界定，除了尚未形成统一的、权威的观点外，目前还存在的一个问题是相关概念的界定关于"产业"与"事业"尚未进行特别的区分，导致"健康产业"与"健康事业"、"养老产业"与"养老事业"等概念混淆不清。

以上关于"康养产业"概念界定方面存在的缺陷，直接导致康养产业相关研究失去了逻辑起点，严重影响"康养产业"理论研究的深入开展，使得"康养产业"的研究实践难以得到科学的理论指导，康养产业发展实践中出现了诸多冒进投资等偏差行为，严重影响了康养产业的可持续发展。因此，本书力求做到将"康养产业"的概念进行清晰的界定。

3.2.1.1 产业的内涵

国外将"产业""工业""行业"等统一翻译为"industry"，而没有对

"产业"（industry）单独定义。在完全竞争市场的分析框架内，产业是指生产同质产品（产品群）的、相互竞争的一大群厂商，这些厂商的供给需求的总和等于该产业的供需总量；相反，在完全垄断市场中，垄断厂商就代表一个产业，两者是同一的。

在国内，《现代汉语词典（第7版）》对于"产业"的解释是"土地、房屋、工厂等财产（多指私有的）""现代工业生产"。《新版现代汉语图解词典》对于"产业"的解释是"拥有的土地、房屋、店铺、矿山等财产""构成国民经济的行业和部门，如第一产业、第二产业、第三产业；特指工业"。《现代汉语规范词典》对于"产业"的解释是"拥有的房屋、土地、店铺、厂矿等财产""各种生产、经营事业，如第一产业、第二产业、第三产业；特指工业"。

在传统经济学理论中，"产业"主要是指经济社会的物质生产部门，每个部门都专门生产和制造某种独立的产品。产业经济学是研究产业的学科，国内产业经济学领域的学者通常认为"产业"是指具有某类共同特性的企业的集合，如产业是指国民经济中使用相同原材料、相同工艺技术或生产产品用途相同的企业的集合。

从以上分析可以看出，"产业"一词与"财产"特别是"私有财产"有着密切的联系，或者说"产业"具有通过生产、经营活动追求财富增长的营利性特征。另外，从产业经济学的角度来看，"产业"还具有市场化特征，它可以看成生产同质商品的企业（厂商）的集合，它们在市场化机制下展开竞争。"产业"是一个动态的概念，它产生于社会分工，随着社会分工的不断细化，其内在结构和包含的内容将不断发生变化。目前，凡是具有投入产出活动的部门都可以列入产业的范畴，不仅包括生产部门，还包括流通部门、服务部门、信息技术部门、文化教育部门等。当这类产品或服务由市场提供时，我们称之为"产业"，产业具有商品性、竞争性和逐利性的特征。

3.2.1.2 对康养产业概念的理解要点

根据"产业"的内涵，我们对于"康养产业"概念的理解应注意以下几点：

首先，康养产业的概念有广义与狭义之分，我们在进行理论研究时应进行说明。产业具有商品性、竞争性和逐利性的特征，因此如果从狭义上对"康养产业"进行界定，就只能包括其提供私人产品的部分，不能包括提供公共产品的部分；而广义上则既包括提供私人产品的部分，又包括提供公共产品的部分。或者说，狭义上只包括"产业"部分，不包括"事业"部分；广义上包括"产业"和"事业"两部分。

其次，康养产业的概念是动态变化的，我们应在特定的背景下对其进行界定。"康养产业"是以生命科学技术的发展为依托，随着人们收入水平的提高和"健康理念"的形成衍生出来的全新的产业概念。从国际上看，目前康养产业仍然处于初级发展阶段。随着生命科学技术的发展、人们收入水平的提高和人们"健康理念"的形成，康养产业的概念也必将经历一个持续的动态变化过程。因此，对于"康养产业"的概念，我们应在当时特定的时代背景、技术发展背景、收入背景和健康理念背景下来界定。

最后，产业是社会分工的产物，并且随着社会分工的不断深化呈现出不断细化的发展趋势。对于"康养产业"概念的理解，我们一方面要立足于社会分工现状，理解其作为一种特殊的产业形态出现的必然性，认识其作为一种新兴产业在整个国民经济中的特殊地位与作用；另一方面，要以社会分工不断深化的发展趋势为指导，理解康养产业的产业生命周期特征与发展变化规律。随着社会分工的不断深化，康养产业的概念也将不断丰富，会经历一个动态的发展过程。

3.2.2 康养产业的范畴界定

在康养产业的统计范畴方面，目前国际上尚无统一的产业统计口径。道琼斯和富时集团推出的行业分类基准（industry classification benchmark，ICB）将"健康产业"统计为"卫生保健供应商""医疗设备""医疗物资""生物科技"和"制药"五个从属行业。与我国的《健康产业统计分类（2019）》相比，其在统计口径上要窄一些，这使得我们在进行比较时存在很大的困难。此外，"康养产业"在产业统计时通常不作为一级产业进行统计，ICB 是目前国际上为数不多的将"健康产业"单独列为一级产业的行业分类标准（FTSE Russell，2017），但并没有得到广泛的应用，这给"康养产业"的统计工作带来很大的困难。"健康产业"与"养老产业"在统计口径上存在交叉统计的情况，如《健康产业统计分类

（2019）》中健康产业的一个大类"医疗卫生服务"下的"康复、护理服务"包含专科医院、疗养院、护理机构服务、精神康复服务、临终关怀服务、康复辅具适配服务几个小类；另一个大类"健康促进服务"下的"健康养老与长期养护服务"则包含家庭服务，其他居民服务业，老年人、残疾人养护服务，社会看护与帮助服务几个小类。可以看出，《健康产业统计分类（2019）》对于"健康产业"和"养老产业"的统计存在交叉的情况。

"大健康观"的核心内涵是：覆盖全人群的全生命周期健康，即包括生命孕育期（母婴期）、儿童少年期、成年期、老年期和临终关怀在内的"从负一岁到终老"的全过程健康；覆盖全人群的全方位健康，即身体健康、心理健康、社会适应健康、生活方式健康、人居环境健康等。"健康中国"战略是以"为人民群众提供全方位全周期健康服务"为目标，是适应"大健康观"而提出的全新的国家战略。与"大健康观"相适应的"大健康产业"，指与人的身心健康相关的产业体系，包括对健康人群创造和维持健康、对亚健康人群恢复健康以及对患病人群的修复健康，其产业链覆盖全人群、全生命周期，涉及范畴非常广泛，涵盖第一、第二、第三产业的相关内容。

在大健康观指导下，从《国务院关于促进健康服务业发展的若干意见》到《健康产业统计分类（2019）》，名称由"健康服务业"变为"健康产业"；从国家统计局 2014 年发布的《健康服务业分类（试行）》到 2019 年发布的《健康产业统计分类（2019）》，"健康产业"的统计范围由原来只涵盖第三产业的健康服务业，扩展为涵盖第一、第二、第三产业的健康农、林、牧、渔业以及健康制造业和健康服务业。健康产业在三大产业部门的统计内容见表 3.1。

表 3.1　健康产业在三大产业部门的统计内容

产业分类	主要内容
第一产业	以中药材种植养殖为主体的健康农业、林业、牧业和渔业
第二产业	以医药和医疗器械等生产制造为主体的健康相关产品制造业

表3.1(续)

产业分类	主要内容
第三产业	以医疗卫生、健康保障、健康人才教育和健康促进服务为主体的健康服务业

资料来源：根据《健康产业统计分类（2019）》整理。

此外，从"养生"的内涵来看，其主要是指通过各种手段达到预防疾病、增强体质、延年益寿的目的，仅涉及人的"身体健康"或"生理健康"，不涉及人的"心理健康""道德健康"等其他方面。比较而言，"大健康观"下的"健康"不仅包括"生理健康"，还包括"心理健康""良好的社会适应性"和"道德健康"。因此，"大健康"完全能够涵盖"养生"的范畴。"大健康"与"养生"的关系见图3.1。

图3.1　"大健康"与"养生"的关系

通过对《健康产业统计分类（2019）》进行分析，同样可以看出，其内容完全能够涵盖"养生"的范畴。健康产业统计中的"养生"内容见表3.2。

表3.2　健康产业统计中的"养生"内容

所属类别	主要内容
第一大类"医疗卫生服务"	康复、护理服务
第四大类"健康促进服务"	养生保健服务
第四大类"健康促进服务"	健康养老与长期养护服务
第七大类"药品及其他健康产品流通服务"	营养和保健品批发、其他健康产品批发、营养和保健品零售
第十一大类"健康用品、器材与智能设备制造"	营养、保健品和医学护肤品制造，健身用品与器材制造，家用美容、保健护理电器具制造，健康智能设备制造

表3.2(续)

所属类别	主要内容
第十三大类"中药材种植、养殖和采集"	动植物中药材种植、养殖和采集,非动植物中药材采选

资料来源:根据《健康产业统计分类(2019)》整理。

在"大健康观"下,既然"养生"是"健康"的一部分,将"康养产业"理解为包含了"健康"和"养生"两个方面或者"健康""养生""养老"三个方面是不够恰当的。

"养老产业"或"老龄产业"都是指为"老年人"这一特定人群提供产品或劳务,满足其生活需要的经营活动的总称,涉及的范畴非常广泛,既包括满足老年人需要的健康产品和服务,又包括非健康产品和服务,如"住宿和餐饮业""建筑业""金融业""教育"等。因此,"健康产业"与"养老产业"存在一定程度的交集关系,如《健康产业统计分类(2019)》中的第一大类"医疗卫生服务"与《养老产业统计分类(2020)》中的第二大类"老年医疗卫生服务"就存在交集。"健康产业"与"养老产业"的关系见图3.2。

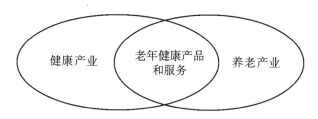

图3.2 "健康产业"与"养老产业"的关系

因此,本书认为,"康养产业"的范畴包括"大健康产业"和"养老产业"两个部分。从内涵上讲,这两个部分分别是指以医疗卫生和生物技术、生命科学为基础,以维护、改善和促进人民群众健康为目的,为社会公众提供与健康直接或密切相关的产品(货物和服务)的生产活动集合;为老年人提供产品或劳务,满足其生活需求的经营活动的总称。从外延上讲,依据《健康产业统计分类(2019)》的相关内容,"健康产业"包括13个大类产品和服务,分别为医疗卫生服务,健康事务、健康环境管理与科研技术服务,健康人才教育与健康知识普及,健康促进服务,健康保障与金融服务，智慧健康技术服务，药品及其他健康产品流通服务，其他与健康相关服务，医药制造，医疗仪器设备及器械制造，健康用品、器材与智能设备制造，医疗卫生机构设施建设，中药材种植、养殖和采集。依据《养老产业统计分类（2020）》的相关内容，"养老产业"包括 12 个大类产品和服务，分别为养老照护服务、老年医疗卫生服务、老年健康促进与社会参与、老年社会保障、养老教育培训和人力资源服务、养老金融服务、养老科技和智慧养老服务、养老公共管理、其他养老服务、老年用品及相关产品制造、老年用品及相关产品销售和租赁、养老设施建设。

3.3 康养产业投融资机制的概念与特征

3.3.1 康养产业投融资机制的概念界定

3.3.1.1 投融资的概念与分类

投资和融资的关系非常密切，投资和融资是一个行为的两个方面：对资金的需求者来说，这是融资行为；对于资金的供给者来说，这是投资行为。鉴于投资与融资有着如此密不可分的关系，我们经常将投资和融资合称为"投融资"。

1. 投资的概念与分类

投资的含义可以从两个方面理解：一是金融学意义上的投资；二是经济学意义上的投资。金融学意义上的投资通常被理解为购买证券、土地和其他资产的行为，是指经济主体在一段时间内将当前的资源投入某种用途中，预期在未来会获得资源。这些未来资源会通过三个方面补偿投资者：①资源投入某种用途的时间；②预期通货膨胀率；③风险，即未来收益的不确定性。其普遍的表现形式是：投资者用一项当前确定的资源（通常是一定量的货币）来交换预期的未来的资源（通常是未来预期获得的更多的现金或收入）。由于投资风险的存在，投资者在未来实际获得的资源可能比预期多，也可能比预期少，甚至少于当初投资的资源数量，从而出现投资损失。经济学意义上的投资一般是指物质资本的变化。宏观经济学理论中考察的投资指的是一个国家或地区一定时期内社会资本的形成和增加。

以上概念中的"社会资本"是指一个国家或地区某一时刻以厂房、机器、设备和存货形式存在的那部分资产的价值，它们是生产新产品、创造新价值的物质条件。因此，经济学意义上的投资是指物质资本存量的增加或更新，其实质是储蓄转化为资本的过程。购买证券、土地和其他资产等经济活动，引起的仅是资本的转移，而不是资本存量的增加。因此，金融学意义上的投资与经济学意义上的投资在含义上有显著区别。产业投资讨论的是产业中物质资本存量的增加或更新，因此本书中的投资是经济学意义上的投资，而非金融学意义上的投资。

投资主体是指投资活动的发起人或行为主体，又称为"投资人""投资者"或"投资体"。其具体是指从事投资活动，且具有资金来源及投资决策权力、享受投资收益、承担投资责任及风险的法人和自然人。一个严格意义上的投资主体需要具备四个要素：第一，有相对独立的投资决策权；第二，自我筹措并自主运用投资资金；第三，拥有对投资所形成资产的所有权；第四，投资主体享受投资收益，承担投资风险。在现实经济活动中，投资主体可以是政府部门和机构，也可以是私人部门和个人。私人投资主要集中于营利性领域，其投资的主要目的是实现利润最大化；政府投资主要集中于自然垄断行业和公共产品部门（市场失灵的领域），包括基础设施建设、社会公益性及公共服务领域等，其投资的主要目的不是追求利润，而是进行宏观经济的调节，具有公益性质，一般投资周期较长，收益率较低。

从不同的角度出发，投资有以下不同的分类：

一是固定资产投资和存货投资。按投资的具体形式，投资可分为固定资产投资和存货投资。固定资产投资是指企业用来增加新厂房、新设备、营业用建筑物（非住宅建筑物）和住宅建筑物的支出；存货投资是指企业用来增加存货的投资。

二是自发投资和引致投资。自发投资又称"自主投资"，是指不受国民收入和消费水平影响，而是由人口、技术、资源、政府政策等外生变量所引起的投资；引致投资又称"诱发性投资"，是指由国民收入变动引起的投资。随着国民收入的增加，其消费需求得到提高，最终引起投资的增加。

三是有形投资和无形投资。有形资产是指使用期限在一年以上、单位价值在规定标准以上的房屋、建筑物及设备工器具。它们都具有一定的实物形态，因此称为"有形资产"。无形资产是指以某种特殊权利、技术、知识等价值形态存在于企业并长期发挥作用的资产，如土地使用权、专利权、非专利技术、商标、商誉等。它们都没有实物形态，因此称为"无形资产"。有形投资是指对有形资产的投资；而无形投资则是指对无形资产的投资。

四是直接投资和间接投资。直接投资是指投资者投资创立企业从事经营活动；间接投资是指投资者通过购买项目或企业的股票、期权等有价证券进行的投资。

2. 融资的概念与分类

融资通常是指资金贷出方和资金需求方之间进行资金融通的活动，其本质是对资金这种稀缺资源的配置过程。

从不同角度来看，融资可以有以下不同的分类：

一是内源融资和外源融资。内源融资是指投资主体把自己积累的储蓄用于投资活动，即投资资金来自内部；外源融资是指投资主体通过直接或间接的方式从第三方资金供给主体那里获得资金，即投资资金来自外部的资金供给者（资金储蓄者）。

二是直接融资和间接融资。直接融资是指资金贷出方直接借贷资金给资金需求方进行融资的活动。常见的直接融资方式包括股票、债券等。间接融资是指资金贷出方通过金融机构将资金借贷给资金需求方进行融资的活动。因为其需要借助某一金融机构充当融资的中介，故称为"间接融资"。常见的间接融资方式包括银行借贷等。

3.3.1.2 投融资理论

1. 利息理论

英国资产阶级古典政治经济学的创始人配第将利息称为"货币的租金"，他给利息下了一个最初的定义，即利息是一定期限内放弃货币使用权的报酬。英国经济学家阿弗里德·马歇尔认为，资本是为了生产物质财富，并获取收益而积蓄起来的设备。资本作为生产的一个要素，它不是供满足欲望的直接消费之用，而是财富的主要资料。当我们说一样东西是"财富"时，这样东西将被作为消费对象来看待；而当我们说一样东西是"资本"时，这样东西则被看作生产要素。马歇尔认为，资本来源于节约和储蓄，而节约和储蓄则是为了将来而牺牲现在的快乐。马歇尔把利息分为纯利息和不仅利息。纯利息是指纯粹使用资本的代价或称为"等待"的报酬。毛利息不仅包括纯利息，还包括运用资本的手续费、经理费、投资风险的保险费等。马歇尔认为，利息是资本的需求和供给相均衡时的价格。资本的需求价格取决于资本的边际生产力；资本的供给价格取决于资本家的"等待"和牺牲，也就是节欲。

凯恩斯认为，利率的决定取决于两个因素：一是流动性偏好。流动性是指财富从一种形式转移到另一种形式的难易程度。货币是流动性最大的财富形式。人们愿意将持有现款称为人们具有的流动性偏好。这根源于三个心理上的原因或动机：交易动机、谨慎动机、投机动机。二是货币数量。货币数量就是货币供给量。货币供给量在西方被认为是大体由国家决定和控制的。西方国家要求银行具备一定量现款，这笔现款被称为"准备金"。准备金与存款之间的比例称为"准备金率"。准备金一定，提高或降低准备金率可以减少或增加存款数量，从而减少或增加货币供给量。准备金率一定，增加或减少准备金可以增加或减少银行存款，从而增加或减少货币数量。凯恩斯认为，对货币的需求和货币的供给（货币数量）决定了利率的高低。在一定的流动性偏好之下，即在一定的货币需求之下，国家可以通过控制货币数量的多寡来控制利率的高低。

2. 投资理论

英国经济学家凯恩斯认为，投资的大小取决于投资的诱导。诱导越大，投资越大；反之亦然。投资诱导等于资本边际效率与利率的差额。这就是说：投资的诱导等于预期利润率与利率之间的差额。只有当预期利润率至少等于利率时，资本家才肯进行投资；否则，如果预期利润率小于利率，资本家便不会投资，而宁可把资本存放在银行里，以便取得较高的利息收入。凯恩斯认为，资本家之所以愿意付出相应的代价去经营企业，是想在将来从经营中获取收益。这种收益被称为"预期收益"。

利率的高低被认为可以由国家通过对货币数量的增减而加以控制，因此在一定的流动性偏好之下，国家可以通过对货币数量的控制来最终决定投资数量的多寡。凯恩斯认为，货币政策固然有效，但通过货币数量的增加来降低利率最终会碰到利率的下限，此时就不可能促使资本家进行投资，货币政策就不能发生作用。因此，必须通过一定的财政政策，由国家直接进行投资或进行消费来弥补私人消费和投资的不足，以提高国民收入。

凯恩斯还论证了投资的变动可使得国民收入成倍的变动，完善了乘数理论。1931年6月，英国经济学家卡恩最早提出了乘数理论，卡恩的乘数理论讨论的并非是投资变动引起国民收入变动的问题，而是国家在公共工程的支出与总就业量两者的关系。后来，英国经济学家凯恩斯接受并发扬了乘数理论，并用该理论论证了投资可使得国民收入及就业倍增。投资可使得国民收入倍增的原理是：在边际消费倾向一定的条件下，一方面，增加的投资支出用于购买投资品时，推动投资品生产和供给的增长，在此过程中，就业和收入水平同步提升；另一方面，收入提高，消费支出增加，消费品的生产和供给增长。也就是说，投资支出的增加可导致国民收入若干倍的增加；反之，投资支出的减少也会引起国民收入若干倍的减少。投资乘数是指收入的变化（收入增量）与带来这种变化的投资支出的变化（投资增量）的比率。投资乘数的大小与边际消费倾向正相关。边际消费倾向越高，投资乘数越大；反之，则投资乘数越小。投资乘数的大小与边际储蓄倾向负相关，投资乘数是边际储蓄倾向的倒数。

3. 加速数原理与乘数—加速数原理

1913年和1917年，法国经济学家阿夫塔里昂和美国经济学家克拉克分别提出了加速数原理。加速数又被称为加速系数，是指产出的变化所引致的净投资的倍增或倍减的变化。如果说乘数原理说明的是投资变动对国民收入变动的影响，那么加速数原理则说明的是国民收入变动对投资变动的影响。根据加速数原理，投资不是产量或收入绝对量的函数，而是产量或收入变化率的函数。产量或收入的较小变化会引起投资水平的大幅度变化。产量或收入的增长速度放慢也会造成投资的大幅度下滑。

宏观经济学家将乘数理论与加速数原理结合起来，建立了乘数—加速模型，用"乘数"和"加速数"的相互作用来解释一国宏观经济的周期性波动。乘数和加速数相互作用引起经济周期的具体过程是：根据乘数理论，投资增加引起产量的更大增加，而在加速数原理作用下，产量的增加将引发投资的进一步增加，于是经济进入繁荣期；当产量达到一定水平，增长速度放缓，受加速数原理影响，投资增速更快下降，而投资增长放缓甚至减少又会由于乘数作用使产量继续减少，于是经济运行进入萧条期。

根据乘数—加速模型，宏观经济学认为，政府可以通过相机抉择的宏观调控政策熨平经济周期。

3.3.1.3 投融资机制的概念

投融资机制是指投融资活动运行机制和管理制度的总称，主要内容包括投融资主体的确立及其行为、资金筹措途径、投资使用方式、投资项目决策程序、建设实施管理和宏观调控制度等。

投融资机制问题是现代经济学和金融学理论研究的一个重要领域，按研究领域的范围大小可分为宏观投融资机制理论和微观投融资机制理论。现代宏观投融资机制理论的研究以凯恩斯主义和货币主义的理论为主。根据凯恩斯主义经济学说，宏观投融资机制主要研究国民经济均衡时利率与投资和储蓄之间的内在经济关系。微观投融资机制的经济学理论始于费舍尔、莫迪利亚尼和米勒等人开创性的研究。微观投融资机制的研究主要涉及资本价值、投资成本、投资结构和投资行为等问题研究。从微观经济理论视角分析经济主体的投资行为与其投资收益、投资成本与投资结构等存在的相互作用、相互制约关系，这些都是微观投融资机制研究的内容。

一个国家的投融资机制取决于该国实施什么样的投融资制度。投融资制度是指社会资金的配置方式，也就是采取什么方式实现社会资金的配置。投融资机制要发生质变，关键在于实现资金配置方式的变革，即投融资制度的变革。社会资源配置方式包括两种：计划配置和市场配置。而投融资制度也包括两种：计划投融资制度和市场投融资制度。计划投融资制度是高度集中的计划经济模式的产物，反映在投融资制度上就是货币资金的配给制。市场投融资制度是与市场经济相适应的一种投融资模式，资金投融资的导向以市场机制为主，即社会资金的筹集和交易配置都是建立在市场基础之上的，而不是通过行政手段进行强制性配给。市场投融资制度主要包括两种投融资方式：直接投融资和间接投融资。目前，各国的投融资方式要么以直接投融资为主，以间接投融资为辅；要么以间接投融资为主，以直接投融资为辅。

3.3.1.4 产业投融资机制的概念

产业投融资机制是指在特定体制背景下，根据投融资活动的实践，不断进行尝试、修正、发展和完善的一些带有制度性特征的措施和手段。投融资机制是一国投资活动运行机制和管理制度的总称，是经济体制的重要产业组成部分。它包括投融资主体的确立及其行为、资金筹措途径、投资使用方式、投资项目决策程序、建设实施管理和宏观调控制度等内容。投融资主体是具有独立投资决策权并对投资负有责任的经济法人和自然人；投融资渠道主要是指投融资主要来源渠道，即财政基金、金融机构贷款、企业资金、资本市场、外商投入资金等；投融资体制是指投融资管理制度和运行机制的总称；投融资管理机制构建主要是指依据《中共中央 国务院关于深化投融资体制改革的意见》，构建康养产业投融资管理机制。

3.3.1.5 康养产业投融资机制的概念

康养产业投融资机制是指为康养产业融入资金，通过一定的运作方式，形成产业资产或资本的经济活动过程。康养产业投融资机制是康养产业投融资活动的运行规律和手段的总称，是康养资源实现优化配置的重要手段。从内容上看，康养产业投融资机制主要包括康养产业资金的筹措方式、使用方式、投融资模式等。

康养产业投融资包括两方面内容：一是康养产业融资，主要是从产业端的视角来看，解决康养产业发展的钱从哪里来的问题。由于康养产业投资额度大、回报周期长等问题，客观上需要通过各类金融手段支持产业发展，具体包括市场化融资手段，如康养产业机构发行债券、上市、并购等；政策性融资手段，如政策性金融债、政府贴息贷款等。康养产业融资的出发点和落脚点在于推动康养产业实体经济的发展。二是康养产业投资，这是从资金端的视角来看，即金融资本如何参与康养产业实体经济发展，其本质上是一个金融投资活动，其出发点和落脚点在于如何实现金融资本的投资收益及回报。另外，康养产业在实现经济效益的同时，还涉及社会效益问题，因此也需要一些不以获利为目的的投资工具，如政府引导基金等。

3.3.2 不同康养产品的属性和资金供需特征

不同的康养产品具有不同的产品属性和特征，其资金供需特征也各有不同。

3.3.2.1 不同康养产品的产品属性和特征

运用公共产品理论，结合康养产品的性质与特点，可将康养产品分为保障性康养产品和改善性康养产品。这两种不同的康养产品分别具有不同的产品属性和特征。

首先，保障性康养产品具有受益的非排他性和消费的非竞争性。康养产业是一个面向全民的产业，保障性康养产品是指康养产品中的基本产品，如公共健康、基本医疗卫生服务、基本养老服务等。这些基本康养产品属于公共服务的范畴，具有很强的正外部性，涉及对人的健康与养老的基本保障问题，以及人的生命的意义和基本的尊严，因此属于民生范畴，应坚持公益性原则，使得全体公民都能平等地享受到保障性康养产品。保证全体公民享受到基本的、保障性的康养服务，体现了我国社会主义制度的优越性，关系到我国整体性的国民福祉。《"健康中国2030"规划纲要》指出，健康产业发展应遵循"公平公正"原则，推动健康领域基本公共服务均等化。《国务院关于加快发展养老服务业的若干意见》指出，养老服务业发展要坚持"保障基本"原则，确保人人享有基本养老服务。2013年颁布的《中华人民共和国老年人权益保障法》规定，国家应通过基本养老保险制度来保障老年人的基本生活；各级人民政府和有关部门应当将老年医疗卫生服务纳入城乡医疗卫生服务规划，将老年人健康管理和常见病预防等纳入国家基本公共卫生服务项目。因此，保障性康养产品具有受益的非排他性和消费的非竞争性。

其次，改善性康养产品具有受益的排他性和消费的竞争性。对于收入较高的人群，在基本康养产品的基础上，其还要追求更高层次、更多元化、更个性化的康养产品，这就需要改善性康养产品，如健康旅游服务、养生保健服务、长期护理服务、健康食品、保健品、健康保险等。与保障性康养产品不同，对于改善性康养产品，消费者需要支付相应的费用才能获得产品服务，供应者通过服务产品的供给获得相应的经营利润。因此，改善性康养产品具有受益的排他性和消费的竞争性，其产品具有显著的市场性特征，应以市场需求为导向，让市场机制发挥主导作用。

总之，基于公共产品理论，我们可以将康养产品分为两大类：保障性康养产品和改善性康养产品。保障性康养产品属于公共产品，涉及健康事业、养老事业的范畴，应该由政府或政府与市场共同提供；改善性康养产品属于私人产品，涉及健康产业、养老产业的范畴，应该由市场提供。总之，康养产业兼具公益性与市场性，具有准公共性特征，其产品的提供应由政府与市场共同发挥作用。

3.3.2.2 不同康养产品的资金供需特征

保障性康养产品和改善性康养产品作为两种具备完全不同基本属性和特征的康养产品，也分别具有不同的资金供需特征。

首先，保障性康养产品的资金供给有限，资金需求巨大。保障性康养产品是指康养产品中的基本产品，如公共健康、基本医疗卫生服务、基本养老服务等。这些基本康养产品属于公共服务的范畴，具有很强的正外部性，同时也属于民生范畴，应坚持公益性原则，使得全体公民都能平等地享受到保障性康养产品。由于保障性康养产品需要满足的是人民群众最基本的康养需求，因此其产品价格偏低，基于公益或准公益的性质，由此使得提供这些产品的获利空间有限，经营项目的资金投入大、资金回收期长，项目运营风险较高、见效慢，对于社会资本、金融资本的吸引力先天不足，民间投资积极性不高。保障性康养产业的经营较易受到经营场所、金融信贷等要素的制约，从而形成融资困难、融资模式单一的发展瓶颈。此外，这类产品的接受群体是社会的每一位公民，受众群体庞大，需求者数目众多。保障性康养产品的提供涉及对人的健康与养老的基本保障问题，涉及人的生命的意义和基本的尊严，具有供给的刚性特征。这决定了保障性康养产品的资金需求巨大，由此使得保障性康养产品的资金供需之间形成较大的资金缺口。如果政府不加以干预，将严重影响保障性康养产品的正常提供。因此，保障性康养产品的提供往往面临较大的资金制约。为确保保障性康养产品的正常提供，政府就需要创新资金保障机制，加大财政资金投入力度，采取政策性资金与多种投融资渠道结合的投融资模式，创新投融资体制机制，包括明确产业扶持政策以及财税、金融等方面的配套支持政策等。保障性康养产品应由政府或政府与市场共同提供。

其次，改善性康养产品的资金供给和资金需求能够达到均衡。改善性康养产品具有受益的排他性和消费的竞争性。改善性康养产品包括健康旅游服务、养生保健服务、长期护理服务、健康食品、保健品、健康保险等，具有显著的市场性特征，应以市场需求为导向，让市场机制发挥主导作用。对于改善性康养产品，消费者需要支付相应的费用才能获得产品服务，供应者通过服务产品的供给获得相应的经营利润。因此，改善性康养产品具有受益的排他性和消费的竞争性，其产品具有显著的市场性特征，应以市场需求为导向，让市场机制发挥主导作用。改善性康养产品属于私人产品，涉及健康产业、养老产业的范畴，应该由市场提供。对于改善性康养产品，政府的主要定位是监管者，而不是产品的提供者。因此，与其他的私人产品一样，改善性康养产品在供给力量和需求力量的双重作用下，将达成均衡的价格和数量。在均衡的价格和数量上，改善性康养产品的资金供给和资金需求也达到了均衡。

康养产业大部分属于高新技术业，具有高投入、高收益的特点，对资金要素的敏感度要远高于传统的加工制造业。康养产业在发展初期需要有大量的科研投入，只有达到一定规模且具有高水平、高深度的研发才能获得较大收益。例如，制药企业如果研发新药，研发过程极其漫长，有的十年甚至更久，这就需要投入巨大的财力、物力，在这种条件下，必须有足够的资金支持。资金来源除了一般的直接投资，还有国内国际融资、风险投资等其他方式，并且资金要素水平不仅表现在投资规模上，还表现在企业的经营效益、融资市场环境、国内国际融资渠道的畅通程度等方面。

3.4 投融资机制促进康养产业发展的内在机理

下面，我们将从不同视角来分析投融资机制促进康养产业发展的内在机理，包括产业经济学视角、公共经济学视角、福利经济学视角、公共管理理论视角等。

3.4.1 产业经济学视角的分析

康养产业所从事的经济活动是为了提供具有共同属性（满足健康或养老需求）的产品或服务，这一内涵界定使得"康养产业"从本质上是一种"产业"，属于产业经济学范畴。在保障性康养产品的基础上，人们还要追求更高层次、更多元化、更个性化的康养产品，可以称为改善性康养产品。对于改善性康养产品，消费者需要支付相应的费用才能获得产品或服务，供应者通过产品和服务供给获得相应的经营利润。因此，改善性康养产品具有受益的排他性和消费的竞争性，其产品具有显著的市场性特征，应以市场需求为导向，让市场机制在产品供给中发挥主导作用。

3.4.2 公共经济学视角的分析

康养产品中的基本产品可以称为保障性康养产品，如公共健康、基本医疗卫生服务、基本养老服务等。保障性康养产品涉及人的健康与养老的基本保障，关系到人的最基本的生命尊严。保证全体公民享受到基本的健康和养老服务，是一个国家基本的社会保障问题，决定了一个国家的社会与政治稳定。在我国，还是体现社会主义制度优越性的基本国策。《阿拉木图宣言》指出，健康是基本人权，尽可能地达到健康水平是世界范围内一项重要的社会性目标。《"健康中国2030"规划纲要》指出，健康产业发展应遵循"公平公正"原则，推动健康领域基本公共服务均等化。《国务院关于加快发展养老服务业的若干意见》指出，养老服务业发展要坚持"保障基本"原则，确保人人享有基本养老服务。2013年颁布的《中华人民共和国老年人权益保障法》规定，国家应通过基本养老保险制度来保障老年人的基本生活；各级人民政府和有关部门应当将老年医疗卫生服务纳入城乡医疗卫生服务规划，将老年人健康管理和常见病预防等纳入国家基本公共卫生服务项目。保障性康养产品具有受益的非排他性和消费的非竞争性，属于公共服务，即"事业"的范畴，应由政府或政府与市场共同提供，才能满足全体公民的基本康养需要。

3.4.3 福利经济学视角的分析

福利经济学理论强调政府在经济发展中的作用，要求国家发挥其社会再分配的作用，增进整个社会的福利。福利经济学理论在对市场的分析中强调了不完全的竞争尤其是不完全的信息等市场失灵导致市场无效率，无法达到帕累托最优，因此国家出面对市场进行一定的干预和补充，便是提高经济效率的重要手段。在老龄化的背景下，国家也需要介入康养服务的领域中，从福利经济学出发，在发展康养产业的过程中，政府的重要作用之一是对市场失灵的干预，由此形成了政府在康养产业发展中的两个重要职能，即提供政策支持和进行市场监管。

3.4.4 公共管理理论视角的分析

公共管理中的新公共管理、新公共服务理论也揭示了投融资机制促进康养产业发展的内在机理，如通过政府购买养老服务可以引入市场机制来提升养老服务供给效率与品质，有效增加和改善养老服务供给。同时，考虑到康养产业中的公共健康、基本医疗卫生服务、基本养老服务等"事业"内容，政府还需要采取效率较高的公共管理手段，加强市场监管，把握公共性目标，确保实现公共利益以及伦理价值，避免出现"市场"与"事业"的分离。

4 我国康养产业及其投融资机制发展现状

4.1 我国康养产业发展现状

随着经济发展水平的提高以及人们对于生活质量和健康幸福的追求不断提升，促使我们的生活方式发生转变，特别是对康养产品与服务的需求急剧增长。另外，随着我国人口老龄化的不断加剧以及"健康中国"战略的推动，作为现代服务业的重要组成部分，涵盖健康、养老、养生、医疗、文化、体育、旅游等诸多业态的康养产业正在成为备受关注的新兴产业。

受到人口老龄化的影响以及人们对于健康养生需求的不断提升，2013年以来，我国康养产业呈现出蓬勃发展的良好态势，政策保障体系不断完善，产业规模不断扩大，产业主要业态基本成形。从发展趋势上看，我国康养产业日益呈现出产业融合发展趋势和智慧康养发展趋势，中医药康养越来越成为康养产业的核心领域。此外，康养产业还被赋予了"乡村振兴"的新功能。尽管如此，目前我国康养产业的发展整体上仍处于初期探索阶段，在产业快速发展的同时，仍存在诸多亟待解决的问题。

4.1.1 政策保障体系不断完善

康养政策是国家与地方政府为改善康养环境、推动康养产业发展而出台的与康养产业密切相关的政策法规和发展规划。康养政策可以综合反映地方政府对于康养发展的重视程度，以及康养产业的总体布局等。完善的政策保障体系不仅有利于各级政府优化康养产业发展的政策环境，还能够对康养产业发展起到方向引领的作用。《康养蓝皮书：中国康养产业发展报告（2018）》指出，康养政策可以分为健康政策、养生政策和养老政策三大类。

从我国康养政策发展历史来看，可以把 2013 年看成我国康养产业发展的政策元年。2013 年 9 月 13 日，国务院印发的《国务院关于加快发展养老服务业的若干意见》明确提出，要逐步使社会力量成为发展养老服务业的主体。同年 9 月 28 日，国务院又印发了《国务院关于促进健康服务业发展的若干意见》。在以上两个文件的指导下，国务院各部门纷纷出台各种配套政策，康养政策体系初步形成。在政策的大力扶持下，以养老服务业、健康服务业为核心的"康养产业"很快发展成为社会资本竞相追逐的热点投资领域。

2014 年 9 月，国家发展和改革委员会、民政部等 10 部门联合印发《关于加快推进健康与养老服务工程建设的通知》，提出要放宽市场准入，积极鼓励社会资本加大投资力度，同时加大对健康、养老等相关产业的土地、金融等政策支持力度。

2015 年 2 月，民政部等 10 部门联合印发《关于鼓励民间资本参与养老服务业发展的实施意见》，将养老服务产业准入向民间资本放开，并以此推进民间资本参与医养融合发展；2015 年 10 月，中国共产党第十八届五中全会通过《中共中央关于制定国民经济和社会发展第十三个五年规划的建议》，首次提出推进"健康中国建设"，从此，"健康中国"上升为国家战略；2015 年 11 月，我国第一部智能养老蓝皮书《智能养老蓝皮书：中国智能养老产业发展报告（2015）》发布。

2016 年 1 月，原国家旅游局发布的《国家康养旅游示范基地》行业标准，第一次从国家层面对康养产业设定行业标准；同年 9 月，根据上述行业标准，经国家旅游示范工作评定委员会认定，原国家旅游局公布了贵州赤水、江苏泰州中国医药城、黑龙江五大连池、河北以岭健康城、湖南灰汤温泉 5 地为国家康养旅游示范基地；2016 年 6 月，国务院办公厅发布《国务院办公厅关于促进和规范健康医疗大数据应用发展的指导意见》；2016 年 8 月，《中国养老产业发展白皮书》发布；2016 年 10 月，中共中央、国务院印发并实施《"健康中国 2030"规划纲要》。

2018 年 1 月，原国家卫生和计划生育委员会、国家中医药管理局联合发布《卫生计生委 中医药局关于印发进一步改善医疗服务行动计划（2018—2020 年）的通知》；2018 年 7 月，国家卫生健康委员会、国家发展和改革委员会、教育部等 11 部门联合印发《关于促进护理服务业改革与发展的指导意见》。以上两个文件完善了医养融合的政策环境，推动了医养融合向深度发展。2018 年 8 月，工业和信息化部、民政部、国家卫生健康委员会联合发布《智慧健康养老产品及服务推广目录（2018 年版）》，第一次从国家政策层面对智慧健康养老产业进行规划，显示了智慧健康养老产业良好的发展趋势和广阔的发展前景。

2019 年 1 月，国家发展和改革委员会联合多部门印发关于《2019 文旅康养提升工程实施方案》的通知；2019 年 2 月，国家市场监督管理总局、国家标准化管理委员会联合发布了《养老机构等级划分与评定》国家标准；2019 年 10 月，中国共产党第十九届四中全会公报也对养老产业发展进行了积极部署。

2020 年 10 月，国家卫生健康委员会、民政部和国家中医药管理局联合印发《医养结合机构管理指南（试行）》，旨在进一步提升我国医养康养的管理水平。

从政策内容上看，自 2013 年起不断完善的康养产业政策保障体系主要包括六方面内容：市场准入政策、土地供应政策、投融资政策、税费优惠政策和补贴支持政策、人才培育政策、法规标准和监管政策。

4.1.2 产业规模不断扩大

近年来，随着我国经济的快速发展，居民收入水平不断提高，消费结构升级不断加快，人民对于生活质量的需求日益提高。特别是 2019 年我国人均 GDP 超过 1 万美元以后，人们对于高品质健康生活的追求越来越强烈。在国家出台若干相关政策以引导康养消费的背景下，康养产业成为各地政府和市场投资机构青睐的朝阳产业。尤其是随着"健康中国建设"上升到优先发展的国家战略层面，康养产业已经成为我国经济转型的新引擎，产业规模不断扩大。根据《"健康中国 2030"规划纲要》，我国康养产业市场规模在 2020 年达到 10 万亿元，预计在 2030 年将达到 22 万亿元的产业规模。2018 年我国康养产业产值超过 6.85 万亿元，约占国民生产总值的 7.2%。2018 年我国共有超过 240 万家康养企业，市场总规模超过 6 亿元，年增长率超过 10%。预计 2050 年我国康养产业规模将达到 21.95 万亿元。根据前瞻产业研究院发布的《中国大健康产业战略规划和企业战略咨询报告》，2011—2017 年我国大健康产业复合增长率达到 15.6%。2017 年，我国大健康产业的产业规模增长为 2011 年的 2.4 倍，根据国家相关规划，到 2030 年大健康产业市场规模将达到 2017 年的市场规模的 3 倍。

《大健康十大投资热点市场规模预测》显示，2018 年我国大健康产业的规模将近 43 万亿元，居世界第一位。根据产业信息网发布的《2015—2020 年中国健康养生市场运营及发展预测报告》，据不完全统计，截至 2013 年年底，我国健康产业年产值在 5 600 亿元左右，生产企业约为 1 700 家，销售企业约为 2.5 万家，销售规模达 900 亿元。在医疗产业方面，2018 年我国医药卫生费用达 5.8 万亿元，占 GDP 的比重为 6.4%，人均医药卫生费用超过 4 000 元。在旅游产业方面，国内旅游市场持续高速增长，入境旅游市场稳步提升，出境旅游市场平稳发展。2018 年，国内旅游人数达 55.39 亿人次，同比增长 10.8%；出入境旅游总人数达 2.91 亿人次，同比增长 7.8%；全年实现旅游总收入为 5.97 万亿元，同比增长 10.5%。全年全国旅游业对 GDP 的综合贡献为 9.94 万亿元，约占 GDP 总量的 11.04%。在养老产业方面，2018 年我国养老产业市场规模达 6.6 万亿元，预计到 2024 年我国养老产业市场规模将突破 10 万亿元。我国营养保健品的普及率目前只有 10%，人均保健品消费小于 20 美元，仅属于起步阶段，发展阶段远远落后于美国，美国营养保健品的普及率已经达到 70%，人均消费约 101 美元。随着我国人口老龄化的加剧、人们消费结构的改变、政策支持政策的不断推动，营养保健品行业将迎来难得的快速增长阶段，未来我国营养保健品行业上升空间巨大。

与此同时，与发达国家相比，我国康养产业的总体规模仍然偏小。关于康养产业的总体现状，从其产业概念角度来看，在健康消费方面，目前我国康养产业规模较小，其中健康产业规模占 GDP 的比重还不到 5%，而美国、法国、德国、日本、英国、澳大利亚等发达国家的这一比例已经达到甚至超过 10%；在医疗健康产业方面，目前我国医疗健康产业规模在 GDP 中的占比仅为 4% ~ 5%，而美国、加拿大、日本等发达国家这一比例已经超过10%。因此，我国康养产业的发展规模与我国经济总量很不相称，也显示出我国康养产业的发展潜力很大。

4.1.3 产业主要业态基本成形

康养产业业态是指康养市场供应商向康养消费人群提供具体的产品和服务，也是消费人群通过使用康养产品或体验康养服务而实现"健康、养生、养老"目标的手段。经过近年来的发展，我国康养产业主要业态已经基本成形，包括森林康养产业、养老产业、医疗健康产业。

4.1.3.1 森林康养产业

森林康养起源于20世纪德国创建的森林浴疗法，森林康养产业在发达国家起步早、发展快，德国、美国、日本、韩国等国家较早进行了森林康养产业的探索，逐步形成了几种较具代表性的发展模式，即德国的森林医疗模式、美国的森林保健模式、日本的森林浴模式等。从产业链上看，森林康养产业主要涵盖森林产品研发、森林养生休闲旅游产品设计等，涵盖农业、工业和旅游休闲服务业等。

国内康养产业起源于森林康养。森林康养提供了一个康养康复疗养的场所，吸引了广大慢性病患者以及众多长期居住在城市的人们去进行自我恢复和身心疏解。相对于德国、日本等国家，我国森林康养起步较晚，自20世纪末才开始将森林作为疗养的资源进行开发利用。虽然我国森林康养起步较晚，但在各地政策推动下发展势头良好。森林康养不同于其他的旅游活动，其所呈现给消费者的内容和形象不断丰富和深化。近年来，森林康养产业逐渐从疗养、康复的简单功能转变为集疗养、康复、观光、休闲等为一体的综合康养项目。2012年，北京市率先提出"森林康养"的概念，四川、湖南等地则率先探索森林康养产业的试点实践。2015年，四川省公布了首批森林康养试点示范基地名单。2016年，原国家林业局在全国范围启动森林养生基地试点建设。《林业发展"十三五"规划》提出，到2020年要建成森林康养和养老基地500处。森林康养产业在我国发展迅速，目前已经成为诸多康养产业中发展相对成熟的一种。另外，森林康养在我国"十三五"林业发展规划中占据了重要位置，原国家林业局对森林康养的发展前景具有高度信心。其预计，到2025年我国森林康养产业形成的产业集群将贡献超过万亿元的产值，产业前景广阔。截至2021年年底，我国已有 380 家国家森林康养基地试点建设单位，遍布全国 27 个省份，有效促进了当地产业发展，推动了乡村振兴和精准扶贫。

4.1.3.2　养老产业

"人口老龄化"是指总人口中因年轻人口数量减少、年长人口数量增加而导致的老年人口比例相应增长的动态过程。"人口老龄化"包括两方面含义：一方面是指老年人口相对增多，在总人口中所占比例不断上升的过程；另一方面是指社会人口结构呈现老年状态，进入老龄化社会。按照世界卫生组织（World Health Organization）的规定，60 周岁以上的人确定为老年。《中华人民共和国老年人权益保障法》第二条规定老年人的年龄起点标准是 60 周岁，即凡年满 60 周岁的中华人民共和国公民都属于老年人。西方国家的标准与此不同，它们把 65 周岁以上的人视为老年人。按照联合国的传统标准，一个国家或地区处于"老龄化社会"，是指这个国家或地区 60 周岁及以上的老年人口在其总人口中的占比超过 10%。而按照联合国的新标准，一个国家或地区处于"老龄化社会"，是指这个国家或地区 65 周岁及以上的老年人口在其总人口中的占比超过 7%。

养老产业是指为生命长期健康、幸福提供全方位养老产品和服务的产业。养老产业有广义和狭义之分：广义的养老产业是指为个体提供生命保障的相关产业，其是涵盖了第一、第二、第三产业的综合性产业体系；狭义的养老产业是指服务于 60 周岁以上的老人，面向居家老人、社区及养老机构，围绕医、康、护、养等需求，为老年人提供衣、食、住、行、用、娱、医等物质精神文化多领域产品服务。

从全球范围来看，人口老龄化进程的持续加快，促使养老需求不断增加，带动养老市场规模的持续增长。19 世纪后期，全球老龄化问题逐步显现，已成为当前的全球性难题。欧洲一些国家因较低的生育率而率先步入老龄化社会，法国成为全球第一个老龄化国家。2015 年，全球老龄人口数量迎来加速增长的新拐点，60 周岁以上老龄人口比例达到 12%。2018 年，全球 65 周岁以上人口占全球人口的比例达 9%，其中年龄在 85 周岁以上的人口总量增长最快。预计到 2050 年，全球老龄（60 周岁以上）人口将超过 20 亿人，占总人口比例的 20%，复合增长率为 2.4%。庞大的老年人群规模，催生了巨大的健康养老相关产品和服务需求。据赛迪顾问股份有限公司（以下简称"赛迪顾问"）统计，2018 年全球健康养老市场呈现快速增长趋势，市场规模达到 10 万亿美元，增速达 18%。

　　我国老龄人口数量加速增长，截至 2018 年年底，我国 60 周岁及以上老年人口有 2.49 亿人，占总人口的 17.9%。《中国人口老龄化发展趋势预测研究报告》显示，2001—2020 年是我国人口快速老龄化的阶段，平均每年增加 600 万左右老年人，年均增长率为 3.28%，大大超过总人口平均增长率 0.66% 的速度。据赛迪顾问统计，2018 年我国养老市场规模为 4.6 万亿元，预计 2021 年将达到 9.8 万亿元。与其他国家相比，我国人口老龄化呈现出四个核心特点：规模大、发展速度快、持续时间长、应对任务重。人口老龄化将成为我国在 21 世纪甚至更长时期面临的严峻挑战。

　　2002—2021 年我国 65 周岁以上人口数见图 4.1。

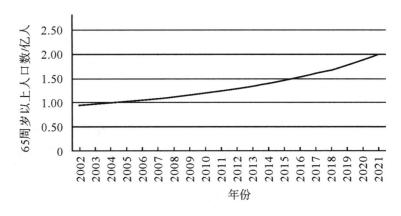

图 4.1　2002—2021 年我国 65 周岁以上人口数

　　针对日益严重的人口老龄化问题，我国现有社会保障体系主要从基本的社会保障制度和社会福利制度两方面为老年人提供保障。基本的社会保障制度包括社会保险制度和社会救助制度，重在保“基本”，强调确保老年人的基本生活需求；社会福利制度重在“服务”，核心是为老年人提供有质量的养老服务。从我国目前的基本国情和发展实践来看，我国社会保障体系的核心是完善养老服务体系。

　　20 世纪 80 年代以来，我国“养老事业”开始向产业化和市场化转变，逐步形成养老服务供给中“政府支持+市场运作”的合作模式。社会养老责任从此由政府、私人部门、家庭和社区共同承担。

　　党的十八大以来，我国人口老龄化程度不断深化，习近平总书记提出要构建以"养老、孝老、敬老"和"医养结合"为核心的政策方针，并指出有效应对我国人口老龄化，事关国家发展全局，事关亿万百姓福祉。党的十九大做出实施"健康中国"战略的重大部署，党的十九大报告首次将养老与就业、教育、医疗、居住等问题并提。"健康中国"战略下，我国要在2035年建成"健康中国"，实现"中国特色养老服务体系成熟定型，全体老年人享有基本养老服务"的愿景目标。2021年11月，《中共中央国务院关于加强新时代老龄工作的意见》提出，有效应对我国人口老龄化，事关国家发展全局，事关亿万百姓福祉，事关社会和谐稳定，对于全面建设社会主义现代化国家具有重要意义。近年来，我国人口老龄化水平不断提高，老龄化程度不断加深。预计到2023年，老年人口达到1.17亿人，老龄化率为20.1%，达到中度老龄化程度；到2030年，老年人口达到3.62亿人，老龄化率为25.5%，达到深度老龄化程度。人口老龄化的严峻形势导致人们对于健康养老产业的需求不断增加。此外，2019年我国人均GDP已经超过1万美元，高品质健康养老产品和服务的"消费升级时代"已经到来，将进一步提升人们对于养老产业发展的需求；同时"新发展格局"下，"国内大循环为主体"的发展战略也将为养老产业的加速发展带来重要的推动力量。而后疫情时代，人们对于养老的需求也将进一步提升，养老产业面临新的发展机遇。

我国养老产业发展可以分为五个阶段。第一个阶段是萌芽阶段（2000—2010年）。2000年11月，我国第五次人口普查数据显示，65周岁以上老年人口已达8 827万人，占人口总数的7.1%；60周岁以上人口达1.3亿人，占人口总数的10.5%。在这一阶段，养老产业开始初步发展，养老服务业开始萌芽，养老服务项目开始进行试点经营。受益于人口红利爆发影响，该阶段社会养老压力较小。第二个阶段是快速发展阶段（2011—2020年）。这一阶段我国人口红利逐渐减少，人口老龄化发展迅速，60周岁以上老年人口占总人口比从2011年的13.7%发展到2018年的17.8%。我国逐渐形成"9073"养老模式①，养老政策体系也逐渐丰富。

---

① "9073"养老模式又叫国家"9073"工程。早在国家"十一五"规划中，上海就率先提出"9073"养老模式，即90%的老年人由家庭自我照顾，采取以家庭为基础的居家养老；7%的老年人享受社区居家养老服务，提供日间照料；3%的老年人享受机构养老服务。

政策的引导和社会力量的参与，让养老服务和产品有效供给能力大幅提升、供给结构更加合理，养老服务政策法规体系、行业质量标准体系进一步完善。第三个阶段是爆发阶段（2021—2030年）。这一阶段，养老产业的法规体系基本建立，养老产业相关标准基本确立，行业协会的约束基本形成，养老产业发展模式探索基本完成。养老产业向规模化、规范化、全面化方向发展。第四个阶段是成熟阶段（2031—2050年）。这一阶段，养老产业发展趋向成熟，整体进入平稳增长阶段，养老产业也成为国民经济支柱产业之一。第五个阶段是减速期（2051—2070年）。这一阶段随着"计划生育"时期出生人群的老去，老龄人口总数相对上一个阶段减少，产业增长可能出现减速。目前，我国的养老产业正处于第三个阶段，也就是爆发阶段。

为促进养老产业发展，中央和地方相关顶层政策设计持续加码，从2013年的"加快养老服务业"、2014年的"医养结合+农村养老服务设施"、2015年的"中医药+医养结合+智慧养老"、2016年的"'健康中国2030'规划纲要"、2017年的养老政策"质量提升年"、2018年的"新设老龄健康司"到2019年的"28条"等，持续推进养老产业发展。2013年是我国养老政策的转折点。2013—2020年，我国每年出台的养老政策数量始终维持在20项以上，2014年更是达到36项的历史最高纪录。据有关数据统计，2019年，我国养老产业规模已经达到7 568亿元，预计到2050年，我国养老产业规模将增长到21.95万亿元。

4.1.3.3 医疗健康产业

随着我国基本医疗保险制度的不断完善，2009年以来，全国城镇基本医疗保险参保人数快速增加，在很大程度上推动了医疗健康产业的发展。2009—2020年我国城镇基本医疗保险参保人数见图4.2。

另外，随着我国居民收入水平的不断提高，人们在医疗保健领域的消费快速增长，也推动了医疗健康产业的发展。据国家统计局数据，2019年全国居民人均医疗保健消费支出为1 902元，占消费总支出的8.8%，比上年增长12.9%，其中医疗保健的增长幅度位列各消费类别的首位。

康复医疗产业发展迅速。康复医疗产业终端受益者主要涵盖老年人、慢性疾病患者、残疾人、术后功能障碍者、产后功能障碍者、重疾人群等，潜在市场需求巨大。根据《柳叶刀》（The Lancet）发表的关于康复的全球疾病负担研究，全世界约24.1亿人可能在患病或受伤期间受益于康复治疗。其中，中国的康复需求最大，康复需求人数高达 4.6 亿人。根据《中国卫生健康统计年鉴》历年来发布的数据，2010—2020 年，我国康复医院数量从 268 家增加至 739 家，年均复合增长率为 10.68%。其中，非公立康复医院是康复医院数量增长的主要驱动力。2020 年我国非公立康复医院数量为 573 家，是 2010 年的 4.86 倍。2015—2020 年，我国卫生医疗机构康复医学科床位数从 16.18 万张上升至 30.04 万张，年均复合增长率为 13.17%。虽然我国康复床位供给量在不断增加，但仍未达到供需平衡状态，还存在较大的供给缺口。

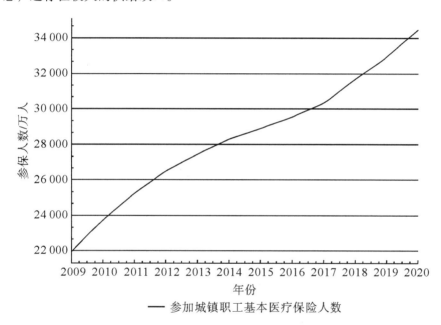

图 4.2 2009—2020 年我国城镇基本医疗保险参保人数

我国医疗装备产业近年来发展迅速，市场规模从 2015 年的 4 800 亿元增长至 2020 年的 8 400 亿元，年均复合增长率为 11.8%。医疗器械制造企业数量自 2006 年以来也保持了较快的增长速度。2006—2019 年我国医疗器械制造企业数见图 4.3。

随着医疗科技的发展，手术机器人产业发展迅猛。根据全球企业增长咨询公司 Frost & Sullivan 弗若斯特沙利文咨询公司（以下简称"Frost & Sullivan"）数据，2020 年全球手术机器人市场规模约为 83 亿美元，美欧市场占比达 76.5%，我国市场占比仅为 5.1%。预计到 2026 年，全球手术机器人市场将增至 336 亿美元。我国手术机器人产业目前仍处于初级发展阶段，但发展潜力巨大，发展速度很快。2020 年，我国手术机器人产业市场规模为 4 亿美元，预计到 2026 年达到 38 亿美元，约合人民币为 242 亿元，年均复合增长率高达 44.3%。

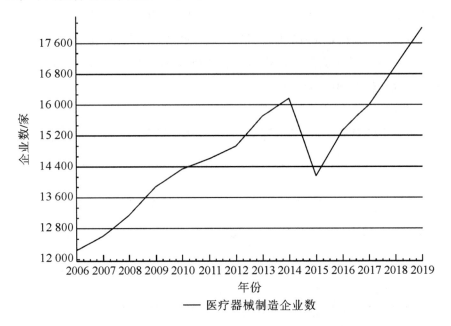

图 4.3　2006—2019 年我国医疗器械制造企业数

4.1.4　我国康养产业发展趋势

4.1.4.1　产业融合发展趋势

产业融合是指产业之间相互促进、相互补充，使得原有产业获得新的发展机遇和更高经济效益的过程。产业融合的本质是原本相互独立的产业之间相互渗透，产业边界不断模糊或消失的过程。

传统产业具有清晰的产业边界，主要包括技术边界（基于特定的技术手段及设备，按照相应的技术标准提供产品或服务）、业务边界（不同的产品与服务有其特定的流通渠道与转流环节，形成具有较大独立性的产业链和价值链）、市场边界（有相对清晰的市场领域，不同产业相对分隔，不同市场间的企业通常不发生直接的竞争关系）、政策边界（有行业特定的行为准则与规范，以及不同的管制内容）。清晰的产业边界使得不同行业处于分立状态，分处不同产业的企业间横向联系较少而倾向于沿产业链垂直一体化发展。

首先，信息技术的快速发展及其向各产业的渗透，使得产业发展从以工业技术为核心驱动转向以信息技术为核心驱动，不同产业间的技术边界日趋模糊。其次，信息技术的广泛渗透造成价值创造的核心环节从物质流向信息流迁移，以及流通环节从物流运输平台为中心向信息运营平台为中心，不同产业间的业务边界亦日趋模糊。最后，消费需求的多元化和个性化使得市场边界日趋模糊，最终导致管制边界的模糊和行业监管模式的改变。这一持续的边界模糊化进程将壁垒森严的产业发展导向"产业融合"。从实践层面来看，电信、广播电视和出版等部门因处于信息技术的前沿而率先实现了产业融合。随后，这一趋势快速向多行业多领域扩展。

康养产业与人的日常生活息息相关，是一个最大限度以人为本的产业，这使得康养产业与几乎所有的行业都存在直接或间接的关系。康养产业属于包容性产业。康养产业中的养老产业涉及与老年人相关的医疗、教育、科技、金融等多个行业，康养产业中的大健康产业涉及的行业产业更是宽泛，但凡涉及健康人群的健康创造与维护、亚健康人群的健康修复和患病人群的治疗活动等都在大健康产业之列，覆盖全人群和人的全生命周期，与第一产业、第二产业和第三产业都有密切的关联。康养产业和其他产业的高度关联性决定了康养产业的开放性，因此以"康养+"模式推动康养产业的融合发展成为康养产业的发展趋势。

康养产业的融合可以归纳为三个方面：①以资源为基础的融合；②以产业链为基础的融合；③以技术为基础的融合。

以资源为基础的融合是指康养产业通过与其他相关产业进行融合，挖掘相关产业的康养资源用于生产和销售，或将康养品牌和服务这些无形要素注入相关产业的产品开发过程中，最终对相关产业达到改造的目的。比如，"康养+农业"融合发展模式就是康养产业与农业的主动融合，以农业生产方式、农产品、农业生态环境等资源条件为基础，将康养概念、品牌、服务注入农业生产和农业销售的诸多环节之中，催生出康养庄园、康养农产品、康养田园旅游等"康养+农业"新业态。

以产业链为基础的融合是将康养产业的康养服务功能引入相关产业，实现康养产业原有资源的深度开发，或使得原有的康养产品融入新的功能，同时将相关产业的技术、品牌、特定功能等无形要素应用到康养产业中，从而改变相关产业，实现相关产业康养产品的开发、生产与销售。

以技术为基础的融合是指以技术渗透为基础，将大数据、信息技术、电子商务、人工智能等高新技术产业的技术要素渗透和扩散到康养产业中，从而催生出新的康养业态。在技术创新、消费者需求和政府政策引导等因素影响下，创新技术通过融合到其他产业，提高了它们的生产效率，改变了产业间生产技术、工艺流程等。新技术与其他产业间的广泛渗透与融合，使得产业间的技术边界逐步模糊，技术进入壁垒开始消除，以技术为基础的融合得以产生。

2013年至今，随着康养政策的持续出台和不断完善，我国康养产业在医养康养、旅居康养、智慧医疗、生态康养等领域持续发力，有力地推动了康养产业的融合发展。

4.1.4.2 智慧康养发展趋势

为积极应对人口老龄化难题，从2013年开始，国家层面连续推出系列政策，积极推动智慧康养的发展，康养产业与信息技术产业的合作不断深化。"互联网+"概念被引入康养产业领域，且呈现迅猛发展的势头。互联网平台的智慧康养项目也成为近年来资本争抢的康养投资领域。2015年，我国首家互联网医院在浙江乌镇开业，乌镇互联网医院可以在全国范围内提供以复诊为核心的在线诊疗服务，患者在线下完成检查，获得初步诊断后，便可以通过乌镇互联网医院请来全国的专家进行咨询和复诊。党的十八大以来，各地政府积极探索智慧养老服务的创新方式，将AI、大数据信息服务等高新技术融入智慧养老服务的生活、医疗等领域，满足老年人多样化、个性化的养老需求。

新一代信息技术的快速发展是智慧康养发展的原生动力。大数据技术、智能传感技术、物联网技术等高科技技术的跨越式发展，使得智能健康养老终端、高效的信息架构变成现实。智慧康养产品以其具有的低功耗、微型化、智能传感等优势，向实时化、场景化、智能化、定制化等方向发展，成为未来的发展趋势。

新型冠状病毒肺炎疫情期间，线上健康服务平台（包括线上医生问诊、电子健康档案等）得到广泛应用。因此，2020年1月以来，国家进一步深化对智慧康养发展重要性的认识，支持智慧康养发展的政策密集出台，康养产业的信息化、数字化发展趋势显著。2020年2月，在新型冠状病毒肺炎疫情防控初期，工业和信息化部就印发了《工业和信息化部科技司关于支持产业技术基础公共服务平台开展疫情防控支撑工作的通知》，要求加强信息平台建设工作，在医疗器械、医用防护产品、机器人、智慧健康养老等领域不断提高平台的综合服务水平与能力。2020年3月，工业和信息化部印发《工业和信息化部办公厅关于开展产业链固链行动推动产业链协同复工复产的通知》，要求培育智慧健康养老、绿色产品等消费热点。2020年9月，工业和信息化部、中国残疾人联合会联合印发《工业和信息化部 中国残疾人联合会关于推进信息无障碍的指导意见》，旨在加快推动智慧健康养老产业的快速发展。

"十四五"时期，智慧康养将成为康养产业的基础设施和标准配置。未来，我国智慧康养的重点发展方向包括建设"互联网+养老院"、加强养老服务与医疗服务和社会保险的对接等。

4.1.4.3 中医药康养越来越成为康养产业的核心领域

近年来，具有几千年历史的中医药及中医药健康服务，越来越成为康养产业的核心领域。截至2021年年底，我国拥有中医类医疗卫生机构6万个以上、中医类医院5 000个左右、中医类研究机构40余个。中医"上医医未病之病"的"防病于未然"的思想与康养理念一脉相承，中医也因此成为康养产业的文化与思想基础。中医药依托传统中医、中草药与中医疗法，与文化旅游产业相结合，向消费者提供疾病诊断、康复、健康管理服务等各种产品和服务，形成养生、保健、康复服务，催生出健康养老、健康旅游等各种业态。中医药康养产业从产业链来看，包括中草药种植、中草药加工、诊疗及其他服务等；从业态开发来看，包括研学与旅游、旅居与疗愈等；从产业载体来看，包括种植基地、产业园、博物馆、中医药疗养主题酒店或度假村、中医院等。

我国长期以来始终坚持对于中医药康养的政策支持，相关政策体系得到不断完善。2014年2月，原国家旅游局和国家中医药管理局联合印发了《国家旅游局和国家中医药管理局关于推进中医药健康旅游发展的合作协议》，中医药领域与各级旅游机构的合作不断深化；2015年4月，国务院办公厅发布了《中医药健康服务发展规划（2015—2020年）》，从市场准入、用地保障、投融资引导、财税价格政策等方面进行了相关政策的完善；

2016 年 2 月，国务院印发了《中医药发展战略规划纲要（2016—2030 年）》，提出中医药是我国独特的卫生资源、潜力巨大的经济资源、具有原创优势的科技资源、优秀的文化资源和重要的生态资源；2020 年 3 月，在新型冠状病毒肺炎疫情影响下，多地密集出台与中医药有关的政策，倡导以多种方式推动中医药传承与创新，如上海市、安徽省等地区都提出要加强中医药与文化旅游产业的融合，利用多方资源打造中医药康养文化旅游目的地；2020 年 3 月，农业农村部、财政部颁布了《农业农村部办公厅 财政部办公厅关于开展 2020 年国家现代农业产业园创建工作的通知》，提出鼓励结合产业发展需要创建中药材产业园；2020 年 10 月，国家中医药管理局印发了《国家中医药管理局关于印发中医药创新团队及人才支持计划实施方案的通知》，对中医药人才培育进行政策支持。

4.1.4.4 被赋予"乡村振兴"的新功能

中国共产党第十九届五中全会公报指出：实施乡村建设行动，深化农村改革，实现巩固拓展扶贫攻坚成果同乡村振兴有效衔接；将康养产业打造成区域重要支柱产业的地位，使得健康产业在西部大开发战略中迎来新一轮发展机遇。2020 年 5 月，《中共中央 国务院关于新时代推进西部大开发形成新格局的指导意见》指出，西部地区应快速推进旅游业、休闲养生服务业的发展，牢牢把握旅游风景区和边境旅游先行试验区作为探索道路的基础，是构筑区域支柱产业的重要方法。这是国家政策第一次将发展康养产业定位为区域支柱性产业，康养产业在国民经济中的作用得到充分肯定。

康养是实现乡村振兴的重要路径。作为生态文明建设的重大成果，康养产业的定位及相应产业政策的导向趋势增强。农业农村部多项政策积极推动养老、健身休闲与旅游等多产业融合发展，推动实现乡村振兴。

2020 年以来，在国家发布的康养产业相关政策中，农业农村部成为最活跃的政策制定者。2020 年 2 月，农业农村部印发《2020 年乡村产业工作要点》，提出以功能拓展带动业态融合，促进农业与文化、旅游、康养等现代产业高位嫁接、交叉重组、渗透融合；2020 年 4 月，农业农村部印发《社会资本投资农业农村指引（2020 年）》，提出鼓励社会资本发展休闲农业、乡村旅游、农耕体验、康养基地等产业；2020 年 5 月，《中共中央 国务院关于新时代推进西部大开发形成新格局的指导意见》提出，要大力发展旅游休闲、健康养生等服务业，打造区域重要支柱产业；2020 年 6 月，

《生态环境部办公厅 农业农村部办公厅 国务院扶贫办综合司关于以生态振兴巩固脱贫攻坚成果进一步推进乡村振兴的指导意见（2020—2022 年）》指出，要鼓励发掘生态涵养、休闲观光、文化体验、健康养老等生态功能，利用"生态+"等模式，推进生态资源与旅游、文化、康养等产业融合；2020 年 7 月，农业农村部印发《全国乡村产业发展规划（2020—2025 年）》指出，要依托都市农业生成生态资源和城郊区位优势，发展田园观光、农耕体验、文化休闲、科普教育、健康养生等业态；2020 年 9 月，《国务院办公厅转发国家发展改革委关于促进特色小镇规范健康发展意见的通知》指出，要错位发展先进制造类特色小镇，信息、科创、金融、教育、商贸、文化旅游、森林、体验、康养等现代服务类特色小镇，以及农业田园类特色小镇。

在快速发展的同时，我国康养产业也暴露了诸多亟待解决的问题：一是相关的政策法规相对滞后。相对于快速发展的康养产业发展实践，我国康养产业相关政策法规的推出具有一定滞后性，政策的预见性和指导性有待提高。另外，康养产业政策在具体落实方面还有待进一步跟进，对于具体细分康养产业的具体管理办法和推进措施有待于进一步完善和细化。二是尚未形成一个完整的产业体系，产业结构的合理性有待提高。目前我国康养产业依托养老、医疗康复、养生等主要业态的快速发展，显著带动了上下游和相关产业的发展。与此同时，我国康养产业整体上尚未形成一个完整的产业体系。不少地方仍处于依托康养资源优势的康养产业初级发展阶段，健康、养生、养老、旅游等产业的整合程度较低，康养产品设计距离康养消费者的需求存在较大差距，产品同质化比较严重。《康养蓝皮书：中国康养产业发展报告（2020）》指出，目前市面上每年平均有 5 000 亿~7 000 亿元的康养产品是为满足老年人需求而提供的，而这仅能满足约 16%的老年群体。从产业结构来看，还存在一些发展的短板产业，产业机构不够合理。三是基础设施不够完善，影响到康养产业的供给。康养产业的发展需要建立在一定的产业资源和基础设施的基础上，产业资源的利用程度和基础设施的配套情况决定了康养产业发展的深度。目前，我国康养产业发展的基础设施供应不足，这在一定程度上制约了我国康养产业的发展。如在医疗康复领域，根据原卫生部的规定，所有二级以上综合医院必须设立康复科及相应的康复工程室，并配置标准化的康复器械。但由于相关的医疗设施不够完善，根据原国家卫生和计划生育委员会2012年的数据，我国仅有322家康复医院，其中城市有206家、农村有116家。这意味着，我国600多个城市没有康复专科医院，康复医学床位数占医疗机构总床位数的比重也仅为1.8%，我国医疗康复产业的供给严重不足。四是康养专业人才匮乏。尽管政府已经出台不少有关康养专业人才培养的指导意见，但在实践中的政策效果并不理想，只有少数地方提出依托院校、机构培育老年健康人才，加大康养人才培养力度。目前，康养产业专业人才的供给缺口仍然较大。五是相关理论研究有待深化，产业发展标准体系不够完善。尽管近年来有关康养产业的理论研究成果不断涌现，但对于康养产业的概念和外延尚未形成统一的观点，对于康养产业的研究深度不够，相关理论研究成果对于康养产业发展实践的指导性不够。此外，康养产业统计指标体系、产业服务标准等尚未推出全国统一的标准，产业发展标准体系亟待完善。六是社会资本投资康养产业的积极性有待进一步激励。康养产业有些领域涉及公共产品和准公共产品的提供，产业利润率水平有限。另外，我国康养产业发展整体上还处于探索期，政府需要采取积极措施有效提高社会资本投资积极性，吸引社会资本对于康养产业的投资，从而保证康养产业发展所需资金。政府可以通过前期投资引导社会资本参与，通过土地、税收等方面优惠政策吸引社会资本进入，通过消除可能存在的各种体制机制障碍，使得社会资本放心投资。

4.2 我国康养产业投融资机制发展现状

近年来，我国康养产业投融资渠道不断拓宽，社会资产参与的积极性得到一定程度的激发。此外，相对于不断增加的康养产业需求，我国康养产业供给仍存在较大缺口，产品和服务种类不够丰富，尚不能满足日益增长的差异化健康养老需求。《中国健康养老产业发展报告（2019年）》指出，"产业与资本融合"是我国健康养老产业发展的必然趋势，是促进我国康养产业持续健康发展的必然选择。

为优化康养产业投融资机制，为康养产业发展提供充足的资本要素投入，2015年以来，我国政府不断印发完善康养产业投融资机制的相关政策，康养产业投融资机制的政策红利不断显现，有效推动了康养产业的快速发展。

4.2.1 政策红利不断释放

康养产业政策是国家与地方政府部门为改善康养产业环境、提升康养产业服务而出台的与健康、养生、养老等相关的政策法规和发展规划。良好的政策环境可以帮助其建立有序的行业发展秩序，对康养产业发展发挥引领作用。近年来，我国支持康养产业发展的政策密集出台，康养产业发展的政策红利不断释放。

在养老服务领域，从 2012 年以后，我国密切出台了许多相关政策，涉及市场准入、税收优惠、财政补贴和财政支持、土地供应、投融资、养老人才培养和就业指导、法规标准和监管方针等方方面面，养老产业发展的政策红利不断释放。我国政府在养老服务业投融资方面也推出了一系列相关政策，促进了养老服务业投融资机制的完善。按照时间段的不同，可以将我国颁布的养老服务领域投融资政策时间分为三个阶段：2012—2014 年为第一个阶段；2015—2017 年为第二个阶段；2018 年至今为第三个阶段。

2012—2014 年我国颁布的养老服务领域主要投融资政策见表 4.1。

表 4.1　2012—2014 年我国颁布的养老服务领域主要投融资政策

序号	颁文机构	时间	文件名称	涉及养老服务业投融资的主要内容
1	民政部	2012 年 7 月	《民政部关于鼓励和引导民间资本进入养老服务领域的实施意见》	加大对民间资本进入养老服务领域的资金支持力度。在安排中央专项补助资金支持社会养老服务体系建设工作中，要将民间资本参与运营或管理的养老机构纳入资助范围。各级民政部门福利彩票公益金每年留存部分要按不低于 50% 的比例用于社会养老服务体系建设，并不断加大对民间资本提供养老服务的扶持力度。鼓励金融机构加快金融产品和服务方式创新，通过创新信贷品种、增加信贷投入、放宽贷款条件、扩大抵押担保范围等方式，加大对民间资本进入养老服务领域的金融支持力度

表4.1(续)

序号	颁文机构	时间	文件名称	涉及养老服务业投融资的主要内容
2	国务院	2013年9月	《国务院关于加快发展养老服务业的若干意见》	要引导和规范商业银行、保险公司、证券公司等金融机构开发适合老年人的理财、信贷、保险等产品
3	财政部、商务部	2014年8月	《财政部办公厅商务部办公厅关于开展以市场化方式发展养老服务产业试点的通知》	确定运用养老产业引导基金方式支持发展居家养老、集中养老、社区综合服务等面向基层大众的养老服务产业
4	财政部、国家发展和改革委员会、民政部、全国老龄工作委员会办公室	2014年9月	《财政部 国家发展和改革委员会 民政部 全国老龄工作委员会办公室关于做好政府购买养老服务工作的通知》	政府购买养老服务资金在现有养老支出预算安排中统筹考虑。对于新增的养老服务内容,地方各级财政要在科学预算养老项目和补助标准基础上,列入同级财政预算
5	国务院	2014年11月	《国务院关于创新重点领域投融资机制鼓励社会投资的指导意见》	鼓励社会资本参与公立机构改革。鼓励社会资本加大社会事业投资力度。通过独资、合资、合作、联营、租赁等途径,采取特许经营、公建民营、民办公助等方式,鼓励社会资本参与医疗、养老、体育健身等建设。各级政府逐步扩大医疗、养老、体育健身等政府购买服务范围,各类经营主体平等参与。完善落实社会事业建设运营税费优惠政策。建立健全政府和社会资本合作（PPP）机制。推广政府和社会资本合作（PPP）模式,规范选择项目合作伙伴,引入社会资本,增强公共产品供给能力

表4.1(续)

序号	颁文机构	时间	文件名称	涉及养老服务业投融资的主要内容
6	商务部	2014 年 11 月	《商务部关于推动养老服务产业发展的指导意见》	完善税费政策，全面落实国家关于发展家庭服务业、养老服务业等相关的税费扶持政策。加大养老服务体系建设的贷款投入力度。鼓励金融机构针对养老服务企业特点开展动产、网点经营权、租赁权等质押融资以及小额贷款保证保险，支持融资担保公司提供融资担保服务，提高对中小养老服务企业的融资担保能力

从表4.1 可以看出，2012—2014 年，我国主要围绕放宽养老服务业市场准入、吸引民间资本投资、加大财政支持力度、落实税费优惠、加强养老服务业金融支持、拓宽养老服务业融资渠道等方面推出相关政策，将政府购买服务应用到养老服务业中，提出要将政府和社会资本合作（PPP）机制应用到养老服务业。

2015—2017 年我国颁布的养老服务领域主要投融资政策如表 4.2 所示。

表 4.2　2015—2017 年我国颁布的养老服务领域主要投融资政策

序号	颁文机构	时间	文件名称	涉及养老服务业投融资的主要内容
1	民政部、国家发展和改革委员会、教育部、财政部等 10 部门	2015 年 2 月	《关于鼓励民间资本参与养老服务业发展的实施意见》	鼓励民间资本参与机构养老服务，支持民间资本通过采取股份制、股份合作制、政府和民间资本合作（PPP）等模式建设或发展养老机构。加大财政资金投入力度。有条件的地区，可设立专项扶持资金。充分利用支持服务业发展的各类财政资金，探索采取建立产业基金、PPP 等模式，支持发展社会化养老服务产业，带动社会资本加大投入力度。通过中央基建投资等现有资金渠道，对养老项目予以扶持

表4.2(续)

序号	颁文机构	时间	文件名称	涉及养老服务业投融资的主要内容
2	民政部、国家开发银行	2015年4月	《民政部 国家开发银行关于开发性金融支持社会养老服务体系建设的实施意见》	发挥开发性金融的资金引领作用，吸引民间资本投入
3	国家发展和改革委员会办公厅	2015年4月	《养老产业专项债券发行指引》	加大债券融资方式对健康与养老服务等七大类重大投资工程包以及养老健康消费等六大领域消费工程的支持力度，拉动重点领域投资和消费需求增长，指出在偿债保障措施较为完善的基础上，企业申请发行养老产业专项债券，可适当放宽企业债券现行审核政策及《关于全面加强企业债券风险防范的若干意见》中规定的部分准入条件。发行养老产业专项债券的城投类企业不受发债指标限制。优化养老产业专项债券品种方案设计
4	国家发展和改革委员会办公厅、民政部办公厅、全国老龄工作委员会办公室	2015年5月	《关于进一步做好养老服务业发展有关工作的通知》	要求各地要加大政府投入支持养老服务体系建设力度，将政府用于社会福利事业的彩票公益金50%以上用于养老服务业。提出通过养老产业专项债券品种创新、企业项目收益债券、政府与社会资本合作、政府购买养老服务等举措，探索建立多元化的养老服务业投融资模式
5	国务院办公厅	2015年11月	《国务院办公厅转发卫生计生委等部门〈关于推进医疗卫生与养老服务相结合的指导意见〉的通知》	鼓励和引导各类金融机构创新金融产品和服务方式，加大金融对医养结合领域的支持力度；有条件的地方可通过由金融和产业资本通过筹资的健康产业投资基金支持医养结合发展

表4.2(续)

序号	颁文机构	时间	文件名称	涉及养老服务业投融资的主要内容
6	中国人民银行等五部门	2016年5月	《中国人民银行 民政部 银监会 证监会 保监会关于金融支持养老服务业加快发展的指导意见》	要增强老年群体金融服务便利性，积极发展服务居民养老的专业化金融产品，鼓励银行、证券、信托、基金、保险等各类金融机构针对不同年龄群体的养老保障需求，积极开发可提供长期稳定收益、符合养老跨生命周期需求的差异化金融产品
7	国务院办公厅	2016年12月	《国务院办公厅关于全面放开养老服务市场提升养老服务质量的若干意见》	明确提出完善财政支持和投融资政策。各地要建立健全针对经济困难的高龄、失能老年人的补贴制度。对养老机构的运行补贴应根据接收失能老年人等情况合理发放。各级政府要加大投入力度，支持养老服务设施建设，切实落实养老机构相关税费优惠政策，落实彩票公益金支持养老服务体系建设政策要求。鼓励各地向符合条件的各类养老机构购买服务。拓宽投融资渠道。鼓励社会资本采取建立基金、发行企业债券等方式筹集资金，用于建设养老设施、购置设备和收购改造社会闲置资源等。鼓励银行业金融机构以养老服务机构有偿取得的土地使用权、产权明晰的房产等固定资产和应收账款、动产、知识产权、股权等抵（质）押，提供信贷支持，满足养老服务机构多样化融资需求。有条件的地方可探索养老服务机构其他资产抵押贷款的可行模式

表4.2(续)

序号	颁文机构	时间	文件名称	涉及养老服务业投融资的主要内容
8	国务院	2017年2月	《国务院关于印发"十三五"国家老龄事业发展和养老体系建设规划的通知》	要完善投入机制。各级政府要根据经济社会发展状况和老年人口增长情况，建立稳定的老龄事业经费投入保障机制。民政部本级彩票公益金和地方各级政府用于社会福利事业的彩票公益金，50%以上要用于支持发展养老服务业，并随老年人口的增加逐步提高投入比例。引导各类社会资本投入老龄事业，倡导社会各界对老龄事业进行慈善捐赠，形成财政资金、社会资本、慈善基金等多元结合的投入机制
9	财政部、民政部、人力资源和社会保障部	2017年8月	《财政部 民政部 人力资源和社会保障部关于运用政府和社会资本合作模式支持养老服务业发展的实施意见》	优化养老服务领域政府资金资源投入使用方向和方式，发挥引导带动作用，鼓励各类市场主体参与养老服务PPP项目，充分调动社会资本特别是民间资本的积极性，逐步使社会力量成为养老服务领域的主体。重点引导和鼓励社会资本通过PPP模式，立足保障型基本养老服务和改善型中端养老服务，参与养老服务供给
10	国家发展和改革委员会办公厅	2017年8月	《社会领域产业专项债券发行指引》	引导健康产业、养老产业、教育培训产业、文化产业、体育产业、旅游产业六大幸福产业中的企业发行专项债券，拓宽融资渠道，降低融资成本

　　从表4.2可以看出，2015—2017年，我国对于养老服务业的政策调控力度更大，投融资政策推出的频率更高，政策更加细化，措施更加具体，政策的可操作性也更强。相对于2012—2014年，2015—2017年我国养老服务业的投融资政策做了一些新的探索，有了一些新的变化：一是中国人民银行、国家开发银行等金融部门开始颁布一些政策，从金融创新、开发金融等角度支持养老服务业加快发展；二是开始推出产业专项债券的融资方式，应用于养老服务业；三是开始推出推动医养结合服务业发展的政策，要求金融机构要加大对于医养结合领域的支持力度；四是进一步深化

了政府和社会资本合作模式（PPP）在养老服务业的运用，提出了专门的实施意见。

2018 年至今我国颁布的养老服务领域主要投融资政策如表 4.3 所示。

表 4.3　2018 年至今我国颁布的养老服务领域主要投融资政策

序号	颁文机构	时间	文件名称	涉及养老服务业投融资的主要内容
1	证监会	2018 年 2 月	《养老目标证券投资基金指引（试行）》	明确规定了以养老为导向的证券投资基金业务的开展
2	财政部、税务总局	2019 年 2 月	《财政部 税务总局关于明确养老机构免征增值税等政策的通知》	2019 年 2 月 1 日至 2020 年 12 月 31 日，医疗机构接受其他医疗机构委托，按照不高于地（市）级以上价格主管部门会同同级卫生主管部门及其他相关部门制定的医疗服务指导价格（包括政府指导价格和按照规定由供需双方协商确定的价格等），提供《全国医疗服务价格项目规范》所列的各项服务，可适用《营业税改征增值税试点过渡政策的规定》第一条第（七）项规定的免征增值税政策。保险公司开办一年期以上返还性人身保险产品，在列入财政部和税务总局发布的免征营业税名单或办理免税备案手续后，此前已缴纳营业税中尚未抵减或退还的部分，可抵减以后月份应缴纳的增值税
3	国务院办公厅	2019 年 3 月	《国务院办公厅关于推进养老服务发展的意见》	进一步为银行、基金、保险、信托等金融机构养老金融业务发展指明了方向，为不同类别的养老金融产品的发展提供了政策支持，拓宽养老服务投融资渠道
4	国务院	2020 年 6 月	《国务院关于落实〈政府工作报告〉重点工作部门分工的意见》	大力发展养老特别是社区养老服务业，给予税费减免、资金支持、"水电气热"价格优惠等扶持

从表 4.3 可以看出，2018 年开始，我国对于养老服务业投融资方面的

政策推出频率有所放缓，只推出了四项主要的相关政策。其中，2019 年 2 月由财政部、税务总局联合印发的《财政部 税务总局关于明确养老机构免征增值税等政策的通知》，对养老机构给予了免征增值税的税收优惠政策规定。

在养老保险领域，从 2014 年开始，我国相继推出一系列政策，对养老保险这种投融资方式进行了专门规定。2014 年至今我国颁布的养老服务领域主要投融资政策见表 4.4。

表 4.4　2014 年至今我国颁布的养老服务领域主要投融资政策

序号	颁文机构	时间	文件名称	涉及养老服务业投融资的主要内容
1	国务院	2014 年 2 月	《国务院关于建立统一的城乡居民基本养老保险制度的意见》	坚持和完善社会统筹与个人账户相结合的制度模式，巩固和拓宽个人缴费、集体补助、政府补贴相结合的资金筹集渠道，完善基础养老金和个人账户养老金相结合的待遇支付政策
2	原中国保险监督管理委员会	2014 年 6 月	《中国保监会关于开展老年人住房反向抵押养老保险试点的指导意见》	为贯彻落实《国务院关于加快发展养老服务业的若干意见》有关要求，鼓励保险业积极参与养老服务业发展，探索完善我国养老保障体系、丰富养老保障方式的新途径，原中国保险监督管理委员会决定开展老年人住房反向抵押养老保险试点。试点城市为北京、上海、广州、武汉。试点期间自 2014 年 7 月 1 日起至 2016 年 6 月 30 日止
3	国务院	2015 年 1 月	《机关事业单位工作人员养老保险制度改革的决定》	实行社会统筹与个人账户相结合的基本养老保险制度
4	原中国保险监督管理委员会	2016 年 7 月	《中国保监会关于延长老年人住房反向抵押养老保险试点期间并扩大试点范围的通知》	老年人住房反向抵押养老保险试点期间延长至 2018 年 6 月 30 日。老年人住房反向抵押养老保险试点范围扩大至各直辖市、省会城市（自治区首府）、计划单列市，以及江苏省、浙江省、山东省和广东省的部分地级市

表4.4(续)

序号	颁文机构	时间	文件名称	涉及养老服务业投融资的主要内容
5	国务院办公厅	2017年6月	《国务院办公厅关于加快发展商业养老保险的若干意见》	对于如何丰富商业养老保险产品供给,为个人和家庭提供更多富有个性化、差异化的养老保障提出了相应的指导意见
6	国务院	2018年5月	《国务院关于建立企业职工基本养老保险基金中央调剂制度的通知》	在现行企业职工基本养老保险省级统筹基础上,建立中央调剂基金,对各省份养老保险基金进行适度调剂,确保基本养老金按时足额发放
7	中国银行保险监督管理委员会	2018年7月	《中国银保监会关于扩大老年人住房反向抵押养老保险开展范围的通知》	将老年人住房反向抵押养老保险扩大到全国范围开展。保险机构要做好金融市场、房地产市场等综合研判,加强老年人住房反向抵押养老保险业务的风险防范与管控;积极创新产品,丰富保障内容,拓展保障形式,有效满足社会养老需求,增加老年人养老选择

从表4.4可以看出,我国从2014年开始关注基本养老保险制度的建立与完善,对于机关事业单位工作人员养老保险制度不断进行改革,在建立与完善基本养老保险制度的同时不断推出商业养老保险。在老年人住房反向抵押养老保险方面,2014—2018年,原中国保险监督管理委员会和现中国银行保险监督管理委员会三次发布文件推动老年人住房反向抵押养老保险发展。2014年6月开始,我国开始对老年人住房反向抵押养老保险进行试点,2016年扩大试点范围,2018年开始将老年人住房反向抵押养老保险扩大到全国范围开展。

4.2.2 投资主体不断完善

在国家政策的鼓励下,康养产业的投资主体不断完善,特别是社会资本正日益成为康养产业的重要投资主体。随着相关鼓励性政策的不断推出和社会资本的持续涌入,社会资本对康养产业的投资从初始的以地产、医疗等为主的点状投资,拓展到对于康养产业的全产业链的投资。

4.2.2.1　养老产业投资主体

在养老产业领域，国家近年来不断推出新的政策，在运营主体上放宽市场准入，鼓励、支持民间资本进入养老产业。在国家政策的积极扶持下，我国养老产业进入快速发展阶段。在相关科技支持下，科创企业、地产企业、保险企业等不同行业的企业跨界投资养老产业，保险公司中有一半以上涉及养老市场服务。另外，国有企业以其雄厚的资金实力、低廉的土地资源及良好的信誉，纷纷投资养老产业。据不完全统计，近几年来，已有 20 多家保险公司、300 多家地产开发公司和大量的外资投资企业布局中国老年康养地产市场，投资总额超过人民币 6 000 亿元。外资老年介护型医院和康养机构市场全面崛起。2014 年，商务部决定在北京、天津、上海、江苏、福建、广东、海南 7 个省份放开外资设立独资医疗机构。随着老年康养医疗机构政策的变化，越来越多的外资老年病、康复、护理医院在国内落地，长期护理商业保险计划将逐步开放。国外资本在老年介护市场领域的投资非常积极，呈现出市场全面崛起的态势。

根据《2019 年健康养老产业分析报告》，房地产公司和医疗机构借助其原有主营业务介入养老服务，成为我国在养老产业进行投资的重要来源。万科企业股份有限公司于 2009 年就进军养老地产，目前养老业务已布局 16 个城市；恒大健康产业集团有限公司已开发 12 个恒大养生谷项目；融创中国控股有限公司已着手开发 22 个康养项目，分别涉及养老病房、养老社区和候鸟式养老服务。

总体上讲，医养服务类企业、地产类企业、保险类企业、国资类企业、科创类企业、外资类企业已经纷纷成为养老产业的重要参与主体。2019 年我国养老产业主要投资主体见表 4.5。

表 4.5　2019 年我国养老产业主要投资主体[①]

医养服务类	地产类	保险类	国资类	科创类	外资类
鱼跃医疗	万科	泰康人寿	中信国安	阿里巴巴	Orpea
九安医疗	远洋	中国平安	国投集团	腾讯	Lendlease
麦麦养老	恒大	中国太保	华润集团	前海安测	Pulte Group

---

① 为方便阅读，该表格中的对应名称均使用简称，下同。

表4.5(续)

医养服务类	地产类	保险类	国资类	科创类	外资类
爱侬养老	绿城	中国人寿	首钢集团	中国普天	AVEO
柚瓣家	碧桂园	合众人寿	光大集团	易华录	元气村集团
华录健康养老	万达	新华保险	上实集团	同方	DomusVi Group

数据来源：根据赛迪顾问股份有限公司2019年10月发布的相关数据整理。

4.2.2.2 医疗健康产业投资主体

在医疗健康产业领域，从2015年开始，网络医疗服务成为医疗产业投资热点，消费者人数和交易额猛增；2016年以来，新兴产业企业如阿里巴巴集团（以下简称"阿里巴巴"）、深圳市腾讯计算机系统有限公司（以下简称"腾讯"）、百度在线网络技术（北京）有限公司（以下简称"百度"）等纷纷抓住时机，在康养领域"跨界"投资民营医院等，并获得了市场和机构的广泛关注。《全球视野下的中国医疗健康资本市场》指出，2020年1—8月，我国医疗健康投资额达67亿美元，生物制药领域交易总额达34亿美元。近年来，受到新型冠状病毒肺炎疫情影响，我国生物医药行业的热度持续上升，2020年有144家企业或机构成为生物医药投资行列的最新投资者。

根据《2019年健康养老产业分析报告》，以险企为代表的金融资本，如中国平安、泰康人寿和中国人寿等成为在医疗健康产业投资的重要参与者。泰康人寿最先涉足医养和大健康，越来越多的险企关注并尝试进入医疗健康领域，投资力度越来越大，商业模式也经初步成形。另外，来自科技领域的资本在医疗健康领域的投资增长迅速，主要包括互联网企业腾讯、阿里巴巴和百度领衔等。腾讯、阿里健康、百度健康等先后推出老年人网络购物、线上健康医疗问诊、健康管理等服务。2019—2020年，资本市场在康养产业方面对于互联网智慧医疗领域更加青睐，投资力度不断加大。

4.2.3 投资渠道不断增加

投资是涉足康养产业最初始的环节，投资渠道不同，所投入资金规模、投资回报期长短、投资收益率高低、投资风险大小等都有所区别。不同资金规模的投资商应当综合考虑自身资金量规模、资金运用风险及资产与负债间的匹配程度等，选择对自身最为适宜的投资渠道，也可以选择复合投资渠道。

在国家政策的支持和鼓励下，我国康养产业投融资的政策环境不断优化，投融资渠道不断创新、数量不断增加。目前，我国康养产业投资渠道主要包括公共财政投资、保险资金投资、产业引导基金和产业基金、养老专项债券等。

4.2.3.1 公共财政投资

目前，公共财政仍然是我国康养产业特别是养老产业的重要投资渠道，中央政府的公共财政收入和地方政府的公共财政收入仍是我国养老服务产业的主要投入渠道。从中央与地方政府的资金投入比例来看，地方政府的投入超过80%，成为我国养老服务业的最主要的资金来源。除了中央政府的公共财政收入和地方政府的公共财政收入，我国养老服务产业的另外一个重要的公共财政投资渠道是彩票公益金。近年来，彩票公益金对于养老服务产业的投资额增长非常迅速。根据国务院的彩票公益金分配政策，彩票公益金在中央政府和地方政府之间按照1∶1的比例进行分配，并且要求专项用于养老、体育等社会公益事业，按照政府性基金管理办法纳入管理。中央集中彩票公益金在全国社会保障基金、中央专项彩票公益金、民政部、国家体育总局之间进行分配，分配的比例为60%、30%、5%、5%。其中，分配给全国社会保障基金、中央专项彩票公益金的部分，会有一部分用于养老产业；分配给民政部的彩票公益金和分配给地方各级政府的彩票公益金，按照国家政策要求，要将一半以上的资金用于发展养老服务业。此外，从2013年开始，中央专项彩票公益金新增了对于农村养老服务项目的投入。

根据测算，"十三五"期间，公共财政支出用于养老支出的资金规模合计为1 100亿元，年均增长率为14.4%，高于同期公共财政支出增速。2020年，公共财政支出用于养老支出的资金规模约为261亿元。2021—2030年，公共财政支出用于养老支出的资金规模预计为7 864亿元，年均增长率为14.6%。2030年，公共财政支出用于养老支出的资金规模将达到1 023亿元。"十三五"期间，彩票公益金用于养老支出的资金规模合计为1 734亿元，年均增长率为18%，高于同期公共财政支出增速。其中，地方彩票公益金的比重为 84.2%。2020 年，彩票公益金用于养老支出的资金规模约为 454 亿元。2021—2030 年，彩票公益金用于养老支出的资金规模预计为 10 345 亿元，年均增长率为 14%。2030 年，彩票公益金用于养老支出的资金规模预计将达到 1 680 亿元。

"政府购买养老服务"是公共财政投资养老产业的一种新的模式。在政府购买养老服务这种新模式下，政府不再是养老服务的直接提供者，而是成为养老服务的出资方和委托人，有相关资质和能力的社会机构是养老服务的主要提供者，享受相关政策照顾和扶助范围的老年人是服务的消费者。这种模式从本质上讲，是国家为了履行社会服务的职能，在政府主导下，由社会力量参与，共同解决社会养老问题，满足社会对养老服务需求的新模式。在政府、社会、市场的良性互动中，政府通过市场准则向社会机构购买养老服务，既使得财政投入更好地得到了利用，节省了行政成本，减小了政府的负担，又在履行政府社会职能的同时使得资源得到最优化的配置。21 世纪后，这一模式在我国被用于试点，2000 年开始，上海市开始在部分地区通过"购买服务"由政府向困难老人承担全部或部分服务费用。2003 年，江苏省南京市鼓楼区政府为辖区内的 100 位老人购买了养老服务，并自此之后每年都从财政预算中拿出一定经费为辖区内的老人购买养老服务。之后，浙江省宁波市、吉林省松原市、河北省张家口市、湖北省长沙市等地也进行了积极的试点探索。目前，政府购买养老服务的模式在我国还处于实践探索阶段。从发达国家的发展经验来看，这一模式不仅符合我国当前的社会需求和发展需要，也顺应整个社会发展的一般规律，不仅可以实现政府和市场的双赢，还可以产生很多其他方面的社会效益。未来，随着我国社会保障制度的不断健全、养老服务内容的不断完善，以及政府职能的进一步转变和治理能力的不断提升，这种养老服务的提供方式的新模式将会发挥越来越重要的作用。

4.2.3.2 保险资金投资

保险业的特性和经营决定了保险资金非常适合投资于康养产业。结合保险业务，保险公司可以锁定一批老年客户群，围绕老年人生活需求提供相应康养服务，延伸产品线，实现商业价值。在保险本源业务方面，保险资金投资康养产业具有很强的产业带动效应，可以融合康养产业中的医疗、康复、养老、养生等方面。在保险的延伸业务方面，保险资金投资同时能带动老年医学、护理服务、老年科技产品等发展。在社会效益方面，保险资金投资康养产业是对社会保障体系的重要补充，有利于地方经济发展和民生的改善。保险资金具备的规模大、周期长、成本低的特征，正好能够满足养老产业的投资需求。

近年来有众多商业保险企业投资养老产业，包括泰康保险、中国太平洋保险等。泰康保险在很多城市打造了连锁高端养老社区；中国太平洋保险制定了《太平洋保险养老产业发展规划》。2019年8月，君康人寿宣布加入康养产业，进军大健康产业，是君康人寿价值转型的重要一步。君康人寿计划五年内布局5~10家康养社区，预计总投资70多亿元打造"君康年华康养社区"，同时还推出了配合康养社区的专属保险产品计划——"君康幸福·里"保险产品计划。君康人寿将保险产品、社区养老、医疗照护和健康管理服务相互融合，是目前保险公司进军康养产业的常见模式。一些保险资本还积极探索与其他社会资本的合作投资模式，如中融人寿与海航投资合作，进行"养老社区+保险模式"的新探索。

4.2.3.3 产业引导基金和产业基金

产业引导基金是国家与地方政府为引导和支持特定产业发展而设立的产业融资平台。产业引导基金由政府发起设立，地方社会资本参与。通过产业引导基金，政府部门可以对国家预算资金实施商业化运作，提高财政资金的使用效率；同时，还可以发挥示范作用，引导国有企业、上市公司和民营资本投资养老产业，带动养老产业发展。

2014年，吉林、内蒙古、山东、安徽、湖北、湖南、甘肃、江西8个省份被确定开展养老产业引导基金试点。这8个省份均成立了专业基金管理公司，养老产业引导基金投资涉及30多个项目，其中养老服务项目不足一半，首期规模为4亿~60亿元，多数项目投资于康复、医疗、医药等大健康领域。投资地域主要为本地投资。我国主要的康养产业引导基金见表4.6。

表4.6 我国主要的康养产业引导基金

基金名称	出资人
湖南省健康养老产业投资基金	湖南健康养老产业投资基金企业（有限合伙）
甘肃省养老服务产业发展基金	甘肃省养老服务产业发展基金（有限合伙）

表4.6(续)

基金名称	出资人
江西省养老服务产业发展基金	江西养老服务产业发展基金（有限合伙）
山东省烟台市养老产业引导	烟台市财金发展投资集团有限公司
安徽省健康养老服务产业投资	安徽省中安健康养老服务产业投资合伙企业（有限合伙）
湖北省养老服务业发展引导	湖北九州通高投养老产业投资基金合伙企业（有限合伙）
吉林省养老服务产业基金	吉林省养老服务产业基金合伙企业（有限合伙）
内蒙古自治区养老服务产业政	内蒙古财颐养老服务产业基金管理中心（有限合伙）

资料来源：根据《养老金融蓝皮书：中国养老金融发展报告（2019）》相关资料整理。

除了政府发起的产业引导基金之外，一些金融机构、民间资本也发起了康养养老产业基金，这些基金对项目本身的要求较高。2015 年 8 月，湖南省成立全国首只省级政府引导型健康养老产业投资基金——湖南健康养老产业投资基金，基金首期规模为 45 亿元，专用于康养产业投资发展。深圳市生命健康产业发展专项资金扶持计划单项高达 3 000 万元。2019 年 4 月，泰康人寿与武汉市政府共同发起设立的规模达 200 亿元的武汉大健康产业基金，旨在为武汉大健康产业发展提供长期资金支持。

清科研究中心旗下的私募通统计数据显示，从全国范围来看，2019 年第二季度生物技术/医疗健康行业以 109 起、总投资金额 49.15 亿元位列第三，主要投资于医疗服务、健康应用、移动医疗应用、智能穿戴/智能硬件、健康大数据等领域。

4.2.3.4　养老专项债券

从 2015 年起，养老专项债券融资方式被推出，地方政府通过发行养老专项债券积极支持本地养老产业发展。四川、湖南、贵州、辽宁等省份积极响应，陆续成立本地的养老产业专项债券，其投资领域以养老地产类项目为主，切实用于养老服务企业的资金较少，没有充分发挥养老专项债券对于养老产业的推动作用，运行效率有待提高。

4.2.3.5　低息政策性贷款

近年来，国家开发银行和世界银行也开始积极扶持康养产业相关企业。2015 年，国家开发银行推出养老产业低息政策性贷款，通过政策性金融对养老产业发展提供支持。低息政策性贷款覆盖面广，涵盖全国各个核心省份和地区；资金规模大，融资金额超过百亿元，支持近 500 个养老项目；支持领域广泛，包括养老安居工程、养老医疗、老年文化、社区服务等各个方面。2018 年，国家开发银行与国家发展和改革委员会签署 1.5 万亿元协议，将用于农村康养产业地方建设。2017 年 9 月，安徽省获得世界银行贷款 1.4 亿美元，用于安徽养老服务体系建设。低息政策性专项贷款期限最长为 15 年，还可宽限 3 年，借款人的自有资金不低于 20%，且项目需要当地民政部门的推荐。

4.2.3.6 股权并购投资

上市公司往往是产业投资的重要力量。2015 年年底开始，上市公司通过股权并购方式，积极投资养老产业。其并购标的以连锁化养老机构、社区养老服务站、智慧养老服务公司为主，股权并购以控股为主要目的。从并购区域来看，上市公司主要集中在核心经济圈，包括京津冀、长三角和粤港澳大湾区。

目前，我国大陆真正在养老产业布局的上市公司有 41 家，涉及养老服务与养老机构运营、养老地产、智慧养老和老年用品的分别为 15 家、12 家、8 家、6 家，主要集中在养老服务及养老机构运营、养老地产，但仍未出现以养老服务为主营业务的上市公司。

4.2.3.7 政府与社会资本合作（PPP）

PPP 模式适用于绝大多数公益性事业投资，如市政交通设施、港口、码头、水务、能源、公共交通、医院、养老院等。由于康养产业中的基础养老、公共医疗等具有公益性或半公益性的特征，因此 PPP 模式成为康养产业投资的重要渠道。其项目投资总额原则上不低于 1.5 亿元，合作期限原则上不低于 10 年。随着 2014 年《国务院关于加强地方政府性债务管理的意见》的发布，PPP 模式在公益性事业投资中的优势开始显现。

2016 年，为扩大公共服务供给、提升公共服务供给效率，政府在公共服务领域大力推广 PPP 模式，PPP 模式在养老产业也得到积极应用。截至 2016 年年底、2017 年年底、2018 年年底，养老 PPP 项目入管理库数量分别为 10 项、292 项、135 项。截至 2020 年 1 月底，养老 PPP 项目入管理库数量达 108 项，占比为 1.1%；养老 PPP 项目入管理库投资额为 706

亿元，占比为 0.5%；养老 PPP 项目累计落地项目为 64 项，占比为 1%；养老 PPP 项目累计落地项目投资额为 455 亿元，占比为 0.5%。从投资领域来看，PPP 模式以养老服务类、医养结合类为主，在一定程度上实现了对养老产业的资金支持。

4.2.3.8 房地产投资信托基金（real estate investment trusts，REITs）

REITs 即房地产投资信托基金，该模式是指投资者将基金汇集到房地产投资信托基金公司处并得到发行的收益凭证作为证明，房地产投资信托基金公司利用专业投资技能进行经营，投资方向集中于带来稳定租金收入的房地产项目、房地产贷款、财产抵押贷款或抵押贷款支持证券（MBs），所得收益将按投资投资比例分配。REITs 模式的特点是收益长期稳定、流动性良好、投资风险低，可以享受税收优惠，投资简单、运营制度透明。其本质上是一种资金集合，对于中小公司来说，资本量不大也可以参与投资。在美国，REITs 模式的资产构成及收益来源都简单清晰，公司型REITs 或契约型 REITs 也都有严格的运营规章及法规。作为上市流通的证券产品，其在市场准入、运营章程、高管任职资格、利润分配、监督管理、会计审计、公开信息披露等方面都有严格的法律标准，投资信息获得也十分便利，也适宜对康养产业并不熟悉的机构投资。应用于康养产业的房地产投资信托基金，是指一家或几家投资机构集合资金以建立信托的方式交给信托公司，并规定投资方向为康养产业。

在我国，房地产投资信托基金的使用才开始发展。2016 年 6 月，万科企业股份有限公司联手鹏华基金发起国内首只公募房地产投资信托基金，此公募基金投资标的的范围被拓宽到房地产资产，未来将大举进入康养产业。

4.2.4 融资渠道不断丰富

作为一个极具发展潜力的产业，康养产业涉及面广泛，巨大的市场引起了保险公司、房地产商、各种战略投资者和金融机构的关注，其融资渠道主要包括银行贷款、BOT、专项债券、信托和上市融资。

4.2.4.1 银行贷款

长期以来，大多数康养机构得不到银行的信贷支持，银行系统也缺乏专门的贷款产品。虽然国务院出台了《国务院关于加快发展养老服务业的若干意见》和《"健康中国2030"规划纲要》，很多地方出台政策金融支持康养产业发展，甚至规定银行具体授信额度和每年的贷款总量，但情况仍然不尽如人意。从整体上看，到目前为止，我国银行业对于康养产业的融资仍处于起步阶段，要想全面推广尚有诸多政策性和实践性的"瓶颈"。

2018年11月，中国农业银行总行率先出台《养老服务行业信贷政策（2018年制定）》，提出可向养老服务机构发放流动资金贷款和长期固定资产贷款。这是中国农业银行第一次出台的专门针对养老服务行业专项信贷的政策文件。同年，中国工商银行北京分行提出进一步加强对养老服务企业的信贷支持，通过为经营主体授信、项目融资等多种方式支持养老服务业发展。相对于政策性信贷，目前银行信贷融资工具发展规模较小，覆盖面仅限于经济发达地区的国有企业养老项目。

4.2.4.2 BOT

BOT模式（建设—经营—转让）是一种新的国际融资方式，目前主要广泛用于发达国家和发展中国家的基础设施建设中。由于康养产业内涵广泛，需要固定资产作为依托，因此我们可以利用BOT模式来拓宽康养产业发展的资金来源渠道。BOT模式建设发展康养产业模式分析：项目发起方组建项目公司；项目公司与政府签订特许协议；项目公司与银行签订融资协议；项目公司与投资者签订投资协议；项目公司与承建商签订施工合同；项目公司在项目建成后与运营方签订运营合同。BOT模式建设发展康养产业的优点在于：对于建设资金短缺又需要尽快实施工程的项目，可通过私人投资的进入提高服务效率和降低服务成本。民间资本的进入，可以提高企业经营效率，提高资本增值能力。采用BOT项目融资大规模建设康养产业项目，可以考虑创立统一的品牌，建立自身的管理公司和医疗救护中心。采用BOT项目融资方式建设康养产业项目，可采用银团贷款，以降低单一的银行风险。另外，在BOT项目融资中，如果保险公司同时介入，可以分散项目各方的风险。BOT模式建设发展康养产业也有一定的缺点，即采用BOT项目融资方式建设康养产业项目，需要的相关条件较多，如需要政府的支持，需要银行、保险公司的介入，回收期长使得一些资本不愿意介入，因此沟通和协调的工作多，交易成本较高。

4.2.4.3 专项债券

2015年4月，国家发展和改革委员会印发《养老产业专项债券发行指引》，进一步为民间资本进入养老服务业敞开了大门。该文件明确指出，募集资金占养老产业项目总投资比例由不超过60%放宽到不超过70%。支持企业发行养老产业专项债券扩大养老产业投资基金资本规模。

目前，在我国，养老产业专项债券的发行申报不设区域和期限限制，发行规模也没有限制。因此，健康产业和养老产业专项债券是目前康养产业获得低成本融资的很好的渠道之一。

近年来，国家发展和改革委员会多次批复同意设立康养旅游景区、康养中心以及养老产业的项目。康养产业专项债券的规模不断扩大，并且发展潜力巨大。

目前，养老产业专项债券的实施主体还在探索合理合规的运营模式，只有湖南、浙江、辽宁、贵州和四川5个省份有少量实践。

4.2.4.4　信托

信托在康养产业融资中有重要地位，可以充当间接融资通道或融资平台。相关部门通过成立单一信托，让银行的资金以表外业务的形式通过信托渠道发放给康养产业项目，用来支付项目建设成本和养老康养设备采购成本等；成立各种特殊项目机构，通过机构性融资充当直接融资工具，以股权、债券两者结合的方式解决康养产业项目开发经营全程资金供应问题，包括前期咨询费用、土地摘牌费用、建设成本、社会采购成本和经营费用等。

4.2.4.5　上市融资

近年来，越来越多的康养企业特别是养老企业通过上市来获得直接融资，各类型养老企业都在摩拳擦掌登陆"新三板"和A股市场。资本运营增加了养老企业的资金实力，壮大了养老企业的经济规模。我国目前涉足康养领域的上市企业主要集中在养老地产领域，占45.70%，之后是医养结合领域和智慧养老领域，分别占18.50%和17.65%。

截至2018年上半年年底，生命健康产业成功IPO（首次公开募股）的企业有360家，首发募集资金达2 405.33亿元，平均首发募集资金为6.68亿元，广东、浙江、上海、北京、江苏是我国当前成功IPO企业数量排名前五的省份。

"健康中国"概念的上市公司共91家，该概念下的产业链包括两条：一是医疗机构、医疗投资和食品药物；二是医疗器械和疗养康复。"健康中国"概念有代表性的上市公司如表4.7所示。

表 4.7　"健康中国"概念有代表性的上市公司

产业链	有代表性的上市公司
医疗机构	九安医疗、宜华健康、澳洋健康、美年健康、爱尔眼科、三诺生物、乐普医疗、泰格医药
医疗投资	悦心健康、三星医疗、三鑫医疗、博济医药
食品药物	贵州百灵、莲花健康、云南白药、片仔癀、太安堂
医疗器械	融捷健康、小商品城
疗养康复	世荣兆业

　　截至 2019 年 9 月 30 日，A 股上市公司中涉及或正在布局养老概念板块的公司共 52 家，分别为：京汉股份、同方股份、中京电子、以岭药业、中新药业、天宸股份、康恩贝、奥维通信、ST 康美、交大昂立、久远银海、绿庭投资、国脉科技、迪安诊断、鲁商发展、中南建设、江南高纤、海航投资、大族激光、中元股份、旷达科技、南京新百、云南城投、易华录、扬子新材、奥佳华、金陵饭店、世联行、融捷健康、天目药业、东方国信、湖南发展、悦心健康、ST 椰岛、哈药股份、金陵药业、信隆健康、机器人、ST 华业、新华锦、鱼跃医疗、东富龙、尚荣医疗、中源家居、双箭股份、凤凰股份、中关村、开能健康、宜华健康、九州通、延华智能、东诚药业。以上上市公司中，大部分公司的主营业务并非养老（健康）产业，有些公司还是刚刚才布局养老产业。

　　截至 2021 年年底，我国医疗保健行业（提供医疗保健设备、用品、服务和技术的行业）上市公司有 158 家。我国医疗保健行业上市公司2013—2020 年核心财务指标情况如表 4.8 所示。

表 4.8　我国医疗保健行业上市公司 2013—2020 年核心财务指标

医疗保健—核心财务指标		年份							
		2013	2014	2015	2016	2017	2018	2019	2020
收益率/%	销售毛利率	12.99	12.96	14.01	15.07	16.38	17.95	18.23	20.69
	三费/销售收入	9.07	8.97	9.52	9.89	10.90	11.47	11.65	11.03
	销售净利率	3.41	3.35	3.78	4.17	4.37	4.27	3.26	6.35
资产获利率/%	ROE	11.15	11.46	12.02	11.79	11.78	11.38	8.18	16.15
	ROA	5.11	5.07	5.33	5.60	5.62	5.08	3.75	7.15

医疗保健—核心财务指标		年份							
		2013	2014	2015	2016	2017	2018	2019	2020
增长率/%	销售收入增长率	15.31	19.11	15.41	17.95	14.71	17.37	13.67	9.45
	净利润增长率	15.32	18.59	22.44	24.47	22.08	7.68	−18.00	121.19
	总资产增长率	15.86	18.17	23.28	23.19	22.48	23.41	9.11	15.86
	股东权益增长率	12.06	18.45	24.08	34.21	17.46	17.13	9.56	19.52
资本结构/%	资产负债率	56.43	56.69	56.08	51.69	54.57	57.37	56.41	54.37
	流动比率	1.47	1.44	1.43	1.55	1.47	1.43	1.42	1.45
	速度比率	1.10	1.08	1.09	1.21	1.16	1.14	1.14	1.19
资产管理效率/次	总资产周转率	1.50	1.51	1.41	1.34	1.29	1.19	1.15	1.13
	固定资产周转率	16.12	15.64	14.32	13.10	13.03	12.89	12.17	11.40
	应收账款周转率	5.53	5.04	4.69	4.62	4.36	3.96	3.87	4.04
	存货周转率	6.89	6.95	6.53	6.83	7.04	6.77	6.86	6.85

数据来源：根据 Wind 金融数据库相关数据整理。

图4.4 反映了2019年9月我国养老企业股权跨省融资的总体关系。

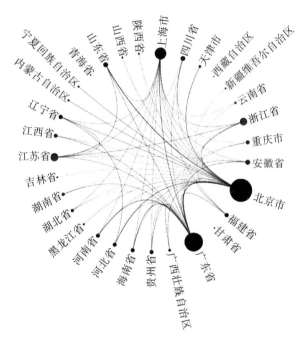

图4.4 2019年9月我国养老企业股权跨省融资的总体关系

数据来源：［中国统计年鉴］养老产业专题数据库，

https：//bbs.pinggu.org/thread-8174949-1-1.html.

从图 4.1 可以看出，外圈节点的大小反映了某个省（自治区、直辖市）的养老企业接受外省（自治区、直辖市）股权融资的强度。可以看出，养老企业接受外省（自治区、直辖市）股权融资的强度分布极不均衡，北京市、广东省、上海市的养老企业接受外省（自治区、直辖市）股权融资的力度最大，之后是江苏省、浙江省；接受外省（自治区、直辖市）股权融资力度较小的省份包括云南省、山西省、陕西省、黑龙江省、吉林省、新疆维吾尔自治区、广西壮族自治区、内蒙古自治区、宁夏回族自治区等；完全没有接受外省（自治区、直辖市）股权融资的省份有青海省、甘肃省和西藏自治区。

整体上看，近年来我国康养产业投融资机制在政策支持下不断得到创新和完善，但仍存在诸多问题。

一是相对于巨大的投资需求，我国康养产业还存在着巨大的投资缺口。

以康养产业中的养老产业为例，随着我国人口老龄化的不断加深，我国养老产业的产业市场将快速扩大，健康养老产业将成为最后一个受益于人口红利的产业，产业投资需求巨大。预计到 2025 年，我国养老地产、养老金融、养老服务、养老机构、旅游养老的预期市场规模将分别达到 23.25 万亿元、7.82 万亿元、6.60 万亿元、0.56 万亿元和 1.82 万亿元，养老产业总市场规模将超过 40 万亿元。由此可以推断，我国养老产业在未来面临巨大的投资需求。目前，我国对于健康养老产业的投资供给远远不能满足市场需求，存在巨大的投资缺口，需要不断创新投融资机制，增加对于健康养老产业的资金投入。

二是社会资本和民营资本的投资积极性不高。一些较大规模的养老项目资金投入力度大、开发周期长、投资回报慢，对于社会资本和民营资本的吸引力不强；现有吸引社会资本和民营资本参与养老产业投资的多数政策仅停留在顶层设计的指导性意见上，具体措施及落实均不到位，对于社会资本和民营资本的激励机制不够完善；目前的政府贷款贴息主要是针对公办养老服务部门，对于民营养老服务机构的支持较为有限，社会资本对于养老服务产业投资的积极性有待进一步调动；由于养老行业所具有的公共性，使其具有特殊的社会属性，已成为当前各地政府的重要发展产业，但受政府财力限制，采取政府与社会资本相结合的方式才是合理的发展途径，这就需要相关部门采取激励措施，提高优质社会资本投资的积极性。

三是一些政策性融资工具和市场性融资工具存在区域发展和产业分布不均衡的问题。从融资工具的投资区域来看，经济发达地区的投资效率更高，更容易吸引市场资本，这会加剧发达地区和欠发达地区间的康养产业发展差异。这就需要加强政策性融资工具对经济欠发达地区的支持力度。这一方面是需要政府在确定政策性融资工具试点城市时，平衡区域选择，将试点指标多向经济欠发达地区倾斜。另一方面，可评估区域政府的财政支付能力，重点补贴财政支付能力较弱的区域；以政府资金作为区域健康养老产业发展的种子资金，引导当地社会资本投向，促进区域间产业发展平衡；充分发挥正常的引领作用，加强政策性金融工具在区域市场平衡中的作用。目前的养老产业股权并购融资工具和 PPP 融资工具主要集中在经济发达地区，经济欠发达地区则相对较少。以 PPP 模式为例，其作为解决地方政府基础设施资金难题的创新金融工具，不受地域影响，在养老产业发展方面具有较好的应用。但从实际运作来看，其还存在不同区域间发展不均衡的难题。由于投资效率不同，PPP 工具存在经济发达区域社会资本积极性强，而在经济发展速度相对较慢的区域难以吸引社会资本的情况。在养老产业股权并购方面，随着股权并购方式的出现，其在人口老龄化率较高、人均 GDP 较高的省份和城市应用较多，发挥着资本杠杆的作用，大力推动了当地养老产业的市场化与产业化进程。目前，我国养老产业股权并购分布极不均衡，主要集中在以北京为核心的京津冀、以上海为核心的长三角以及粤港澳等城市圈。这些城市圈有核心城市发挥带动作用，人口老龄化率高、人均 GDP 高，投资康养产业的获利空间较大，存在较多的资本并购机会。资本投入与并购的加剧推动了产业的扩张，同时也加剧了产业内部的竞争。经过多年的发展布局，以上以核心城市为引领的城市圈均已被资本实力强大的企业所占据，正进入产业优胜劣汰、内部规模并购的阶段。另外，从股权并购投资来看，目前的并购投资主要集中在核心经济圈，包括京津冀、长三角和粤港澳大湾区，经济欠发达的区域则数量较少。从政府与社会资本合作投资（PPP）来看，《全国 PPP 综合信息平台项目管理库 2020 年 1 月报》显示，健康养老产业 PPP 累计投资额排在前五位的是贵州省、云南省、四川省、浙江省和河南省，分别为 12 036 亿元、11 357 亿元、10 038 亿元、9 843 亿元和 9 657 亿元，合计占总投资额的

36.8%，地区集中的特征比较显著。就康养产业融资的产业分布而言，目前金融机构对于医疗行业、保健行业等大健康产业的投融资热情较高，对于康养产业中的传统产业养老产业的投融资热情要冷淡不少。近年来，不少金融机构都认识到养老产业发展的潜力，不少机构开始探索针对养老产业的专门的金融产品和服务。但与广大老年群体的养老需求相比，其仍然存在很大的差距。

四是一些新兴融资工具在康养产业的发展深度不够，发挥作用有限。如股权并购融资工具，目前国内养老产业主要是控股并购，尚未出现以养老产业为主营业务的上市公司。养老产业的竞争仍处于初级阶段，行业垄断和品牌效应尚未形成。在养老产业专项债券方面，目前投资领域以养老地产为主，对养老产业整体推动作用有限。而房地产信托投资基金由于税收和交易费用较高，其推广和普及受到影响，在康养产业中的应用不多，发挥作用有限。另外，通过股权融资等直接融资的方式在康养产业中的发展深度不够。由于康养产业的平均利润率偏低，康养企业通过自身内源融资通常很难完成原始资本积累。随着我国资本市场的不断发展壮大，通过资本市场发行股票进行股权融资，或者发行康养产业专项债券就成为康养企业增加资金来源的一个不错的选择。但从目前情况来看，康养企业通过资本市场进行融资的企业数量很有限，融资的金额也比较有限。

五是财政支持政策有待完善。目前，我国已经出台的财政支持政策数目较多，但整体上讲，其科学性和系统性还有待提高。政策制定缺乏一定的基础数据支撑，导致财政政策的科学性不够。财政资金对健康养老产业投入的领域集中在养老机构的建设补贴、床位补贴及运营补贴等，财政投入对于社会资本介入养老服务领域的引导作用有限；财政配套政策不够健全，导致不少财政支持政策没有真正落到实处。中国社会科学院劳动与社会保障研究中心发布的《中国社会保障发展报告》指出，我国现行社区养老模式在一定程度上存在着基础设施不完善、政府资金投入不足等问题。对于养老产业，一些优惠的投融资政策缺乏可操作性，使得政府文件中的一些投融资优惠措施难以有效执行。此外，由于地方政府财政压力较大，一些优惠措施刚性不足，也并未得到有效落实。当前，我国养老服务的投入主要依赖于政府民政等部门的投入，经费筹措渠道非常单一，相关财政投入主要集中于解决现实急需的基础养老问题。

六是对于中医药康养产业的投资热情不足，市场需求尚待满足。中医药康养产业包括中医药种植、中医药产业园、中医医院服务、中医药康养综合体、中医药康养旅游等业态，具有中医药药材种植、中医药药材加工、中医治疗、中医药生态观光等功能。目前，我国拥有中医药康养基地73个，平均每个省份拥有2~4个。整体上讲，中医药康养产业具有产业链较完整、投资周期较长的特点。与此同时，中医药康养产业抗风险能力较低、人才储备严重不足，以上特点导致目前我国政府对于中医药康养项目的投资热情较低。与中医药认同度快速提升、中医药服务需求不断增加的现实形成较大反差的是，目前我国对于中医药康养项目尚未形成相对成熟的、完整的投融资模式，对于中医药康养项目的公共财政投入严重不足，中央财政的相关投入每年维持在15亿元左右，省级政府每年财政投入平均只有几千万元的水平。相关领域专家提议中央政府设立中医药发展基金，重点投资国内成长型中医药产业项目，通过中医药发展基金引导社会资本投资，促进中医药康养产业健康发展。

5 四川省康养产业及其投融资机制发展现状

5.1 四川省康养产业发展现状

四川省长期以来就是人口大省，也是较早进入老龄化社会的省份。2018 年，四川省 65 周岁及以上常住人口达 1 181.9 万人，占人口总量的 14.17%，首次超过了国际通行的划分标准（14%），表明四川省从 2018 年就已经进入深度老龄化社会。成都和重庆两个城市的老年人口总数目前已超过千万人，超过京津冀、长三角、珠三角中的重点城市。因此，在成渝地区双城经济圈建设背景下，整个成渝地区的老龄化人口较多，对于康养产业的需求巨大。从经济发展水平来看，2019 年，四川省社会消费品零售总额超过 2 万亿元，城镇居民恩格尔系数下降至 32.6%，城镇居民人均消费支出达 25 367 元；重庆市城镇居民恩格尔系数下降至 31.2%，城镇居民人均消费支出达 25 785 元。四川省和重庆市的经济发展水平在全国居于前列，具备加快发展康养产业的经济基础。

四川省素有"天府之国"的美誉，环境优美，气候宜人，物产丰富，文化深厚，交通网络四通八达；其资源禀赋优势明显，拥有较好的康养资源基础，可以依托山、川、库区及优质的气候、自然环境和中医药资源，发展森林康养、温泉养生等业态。四川省在其生态康养发展规划中提出建立生态康养产业强省的目标，至 2022 年康养年产值突破 1 000 亿元。近年来，四川省不同地区结合自身康养优势提出了不同的康养产业发展定位，如阿坝藏族羌族自治州致力于推动民族医药发展，达州市依托中医药种植产业打造"秦巴药库"，巴中市将绿色生态资源与红色文化结合发展，眉山市致力于打造避暑康养旅游，南充市和绵阳市发展多种养老模式、打造养老服务示范区，雅安市提出"六养"特色产业发展，攀枝花市提出基于"康养+"的阳光康养产业发展等，致力于打造中国阳光康养旅游城市和中国阳光康养度假目的地。

康养文旅服务是近年来四川省大力发展的康养业态，也是全国各省级行政单位 2019 年重点项目计划，康养文旅的比重占到了 13%。四川省在康养文旅产业发展中具备独特优势，在 2019 年文旅康养专题投资推介会上，四川省有 6 个康养文旅项目集中签约，总金额超过百亿元。四川省的康养文旅产业近年来呈现出良好的发展态势。2019 年，四川省接待国内游客达 7.5 亿人次，增长率达 7.0%，实现国内旅游收入为 11 454.5 亿元，重庆和四川互为最大的客源地。2019 年，重庆、四川接待对方游客总量超过 1.4 亿人次。

近年来，四川省对于森林康养产业一直是大力推进发展，四川省森林康养产业走在了全国前列。四川省是生态大省、林业大省，是著名的大熊猫之乡，也是我国长江上游重要的生态屏障，森林资源富集，生态文化繁荣。2014 年，四川省在全国率先提出"森林康养"的概念，四川省的森林康养产业开始起步。2015 年，四川省制定了《四川省森林康养基地评审标准（草案）》，为森林康养基地的鉴定提供了衡量标准。在具体政策方面，四川省明确了"一区两片三带"的发展格局，强调了森林康养服务业的价值，要求以其为支点统筹全局。同时，四川省还确定了首批"省森林康养试点示范基地"，旨在推动和探索建立具有四川特色以及具有发展前景和推广价值的森林康养产业的具体的区域发展模式。2016 年，50 多家国有企业和私营企业看好四川森林康养产业的发展，率先投入资本。据统计，四川省森林康养产业的总资本累计达 500 亿元。目前，四川省正积极在森林康养产业方面进行先行先试，已经取得了一定的成效。2017 年 6 月，四川省人民政府正式印发《推动农业供给侧结构性改革加快由农业大省向农业强省跨越十大行动方案》，指出加快建设全国森林康养目的地的目标。

为推动康养产业发展，四川省近年来陆续印发了系列支持康养产业发展的政策性文件，从资金、土地、人才等方面进行积极的扶持，政策体系较为完善，在全国居于前列。

在森林康养产业政策方面，2015 年 12 月，四川省提出发展森林康养产业；2016 年 5 月，四川省提出森林康养产业是新兴战略产业，有利于吸收国际森林疗养理念，融合中华养生文化精髓，发挥森林综合功能，服务大健康需求；2016 年 8 月，四川省专门针对森林康养发布了《四川省林业发展"十三五"规划》。到 2020 年，四川省建设森林康养林有 1 000 万亩（1 亩≈666.67 平方米，下同）、森林康养步道有 2 000 千米、森林康养基地达 200 处、森林康养知名品牌有 5 个、森林康养电商平台有 5 家；此外，森林康养年服务人数达到 5 000 万人次、森林康养年综合收入达到 500 亿元。四川省要加大资金投入力度，各地区还要积极争取财政对森林康养产业发展的支持，探索建立森林康养产业发展政府引导基金，以融资担保、贷款贴息、项目补贴、PPP 等模式，引导社会资本投入森林康养重点项目、优势企业、产业基地和公共服务平台建设；积极协调争取民政、卫生、旅游等关联行业政策联动支持，增强地方森林康养产业融合发展能力。2017 年 10 月，四川省明确了生态康养发展目标，即到 2022 年，全省生态康养基地达到 250 个、森林自然教育基地达到 100 个、生态康养人家达到 4 000 个、生态康养步道达到 5 000 千米，生态康养年服务达到 2.5 亿人次、年产值实现 1 000 亿元。2017 年 12 月，四川省发展和改革委员会、省林业厅等部门转发了《国家发展和改革委员会 国家林业局 国家开发银行 中国农业发展银行关于进一步利用开发性和政策性金融推进林业生态建设的通知》，提出利用开发性金融和政策性金融推进四川省森林康养产业发展的具体措施。2020 年，四川省推出"千万计划"，预计在未来 5 年将对 50 000 名护林员和林区职工普及森林康养知识，让他们成为森林康养宣讲员，开展基本的森林康养经营活动，就地实现增收脱贫。

在养老产业政策方面，根据《国务院办公厅关于推进养老服务发展的意见》，2019 年，四川省印发《四川省人民政府办公厅关于推进四川养老服务发展的实施意见》，指出其目标是到 2022 年，养老机构的护理型床位的占比不低于 50%，力争养老机构社会化运营的床位不低于 60%，80% 以上的养老机构达到《养老机构服务质量基本规范》国家标准，力争将四川打造成西部养老服务高地和全国养老服务示范省。同年，四川省人民政府印发《四川省人民政府关于推进"5+1"产业金融体系建设的意见》，提出进一步放开民间投资市场准入、拓宽民间投资领域、改善民间投资环境、激发企业投资活力，鼓励外资、民间投资等社会资本优先投向符合布局优化要求的产业项目，推动私募基金发展，鼓励民间资本参与产业投资和国有企业混合所有制改革，推动重点领域投资主体多元化。此外，四川省人民政府还印发了《四川省人民政府关于推进健康四川行动的实施意见》，提出要推进医养结合全域发展、完善多层次社会保障体系、发展老龄健康产业、强化老年健康支撑。2020 年 2 月，四川省提出到 2022 年，力争将四川打造成西部养老服务高地、全国养老服务示范省；要进一步落实对于养老产业的金融支持，加大力度扶持符合条件的养老产业龙头企业积极利用资本市场通过上市发行股票、发行债券等直接融资方式增加资金来源，对成功发行债券融资工具以及境外主要资本市场发债并调回四川使用的养老服务企业；在债券存续期内，省级财政按规定给予分档分段贴息；坚决查处融资中违规收取费用问题，探索建立风险补偿金、担保基金或给予财政贴息，降低融资成本。

在智慧康养方面，2017 年 8 月，四川省人民政府印发了《四川省人民政府关于加快发展康复辅助器具产业的实施意见》等意见措施，提出要加强省级政府对于全省健康信息平台的区域全民统筹和建设；配合智慧医疗建设需要，还出台了"医保支付"政策和"互联网诊疗收费"政策。2018 年 11 月，四川省人民政府提出要强化行业监管和安全保障。

发展康养产业对于四川省优化产业体系、应对老龄化、改善民生、推动经济转型升级意义重大，是四川省落实全国主体功能区规划、加快区域平衡发展的必然选择。四川省结合康养产业发展实际构建其投融资机制、提出推进路径，将有助于自身加快推进康养产业的发展，使其加快建设成为康养产业发展示范省；有助于四川省构建市场机制有效、微观主体有活力、宏观调控有度的经济体制；有助于四川省实施"一干多支、五区协同"的区域发展战略，促进乡村振兴，推动民生事业发展，解决区域发展不平衡问题，实现经济高质量发展；将为四川省康养产业加快形成完善的、富有特色的投融资机制，实现高质量发展提供相关政策建议和智力支持。

总体上看，四川省康养产业发展处于全国前列。2019 年 8 月，社会科学文献出版社出版的《康养蓝皮书：中国康养产业发展报告（2018）》评选出全国康养 10 强市（地级）和全国康养 50 强县（市）。在全国康养 10 强市（地级）中，四川省占有两席，即攀枝花市和广元市；在全国康养 50 强县（市）中，四川省占有四席，即洪雅县、米易县、都江堰市和兴文县。根据《康养蓝皮书：中国康养产业发展报告（2019）》，全国康养 20 强市（地级）中，四川省占有三席，即攀枝花市、雅安市、广元市；全国康养 60 强县（市）中，四川省占有五席，即洪雅县、米易县、都江堰市、广元市朝天区、兴文县。2019 年 12 月 7—8 日，首届中国康养大会在北京召开，标准排名城市研究院、中国健康养老产业联盟通过构建生态环境指数、医疗水平指数、民生幸福指数、产业融合指数、康养政策指数五大类评价指标，对中国 333 个地级行政区（含 293 个地级市）进行打分排序，得出"2019 中国康养城市排行榜"。在"中国康养 50 强"中，四川省占有三席，即雅安市、攀枝花市、成都市。根据《康养蓝皮书：中国康养产业发展报告（2018）》，截至 2018 年年底，全国康养企业总数为 240 余万家。从康养企业的分布情况来看，主要分布在中部与沿海省份，康养企业数量较多的省份依次为广东省、山东省、湖北省、湖南省、江苏省、辽宁省、河南省、浙江省、江西省和四川省。四川省的康养企业数量排名全国第十位，在西部省份中数量最多。

尽管在全国居于前列，但四川省康养产业仍存在着健康养老普及率较低、机构床位不足与入住率偏低、专业护理人才不足、地区之间医养结合发展不平衡、城乡居民养老保障水平较低等问题，而投融资机制不完善是制约四川省康养产业发展的一大瓶颈。

5.2 成渝地区双城经济圈建设背景下四川省康养产业发展路径

2020 年 7 月 10 日，中国共产党四川省第十一届委员会第七次全体会议通过的《中共四川省委关于深入贯彻习近平总书记重要讲话精神 加快推动成渝地区双城经济圈建设的决定》，为四川省加快构建现代服务业产业体系做出了顶层设计，也为康养产业快速发展提供了难得的历史机遇。

成渝地区双城经济圈包括康养产业在内的大健康产业基础雄厚。

2019 年，川渝两地健康产业规模已经超过万亿元，重庆市健康产业营业收入约为 6 000 亿元，成都市医药健康产业规模超过 4 000 亿元。成都市已形成华西大健康产业功能区，并出台了《促进成都市健康服务业高质量发展若干政策》，重庆也出台了《重庆市促进大健康产业高质量发展行动计划（2020—2025 年）》。成渝地区双城经济圈的大健康产业特色优势显著，形成了医疗服务、医药制造、康养服务等全国领先的产业板块。成渝地区拥有先进的医疗服务资源，华西医院、重庆医科大学附属医院等长期位于中国医院综合排行榜 100 强。川渝医药制造业从业人员达 17.46 万人，占全国的 7.52%；资产达 2 380.5 亿元，占全国的 6.51%；营业收入达 1 931.36 亿元，占全国的 7.78%。重庆、成都均提出打造国际知名康养胜地的既定目标。

康养产业日益成为成渝地区双城经济圈现代生活性服务业的重要内容。在成渝地区双城经济圈建设的历史背景下，四川省应采取多种措施，推动康养产业发展。

5.2.1 加强与重庆地区的康养产业合作

四川省要充分利用成渝地区双城经济圈的战略机遇，加强川渝两地康养产业各领域的合作，积极发挥协同作用，促进康养产业共同发展。一是建立成渝地区重大疫情和突发公共卫生事件联防联控机制，共建突发公共卫生事件应急防控指挥中心、医疗物资储备中心、演练培训中心，共建国家区域疾病预防治疗中心。二是建立卫生应急和传染病疫情信息共享机制，两地对突发急性传染病疫情信息进行通报，实现预警信息及时共享；建立突发事件卫生应急处置协作机制，加强医疗卫生业信息网络建设；推进防疫大数据等医疗大数据中心建设，加强不同地区的数据共享。三是促进资源、人才、技术、信息等生产要素在区域内优化配置、良性流动，增强川渝卫生健康发展协同性、联动性，共同提升川渝卫生健康服务能力，提升川渝人民群众健康水平。四是优化成都市全要素公共服务供给体系，补齐教育医疗等公共资源短板，形成市民满意最大化的公共服务保障格局。五是建立人才培养合作机制，共同建立成渝双城卫生人才专家库，共同推进实用型、创新型和复合型人才培养；强化川渝卫生健康科技创新协同，在重大疾病防治、前沿技术或核心技术方面协同开展研究。六是以建设国际阳光康养度假旅游目的地为目标，联合发起成渝地区双城经济圈康养产业联盟；重点加强推动成渝地区双城经济圈康养产业一体化发展，组建成渝康复辅助器具与医疗器材产业协作基地；加强区域医疗服务高地建设和文旅融合协作，组建国家级三线红色文旅教育走廊。

5.2.2 加强公共卫生服务体系建设

"康养产业"包括"事业"和"产业"两个部分，其中"事业"部分即"公共卫生服务"的范畴，提升重大疫情防控能力属于"公共卫生服务"的范畴。"康养产业"的可持续发展以"公共卫生服务"为基础和保障，后者虽然不能带来直接的经济效益，却是前者发展的基础和必备条件。政府要重视"公共卫生服务"事业的发展，不断加强对公共卫生和医疗的投入。政府经济职能的实现要以公共职能的实现为前提，不断完善公共卫生服务体系。在医疗卫生方面，相关部门可逐步提高医疗卫生支出所占 GDP 以及总财政支出的比重，确保医疗卫生支出资金充足；加强公共卫生事业管理工作和管理水平，管理者要职业化，要重视预防；健全公共卫生应急管理体系、疾病预防控制体系、重大疫情防控救治体系；加强公共卫生人才的培养，组建一支高素质、跨学科的公共卫生人才队伍；完善以社区为单位的卫生服务体系；通过完善以社区为单位的卫生服务体系，下沉医疗卫生服务功能，建设覆盖全民的社区医疗中心（站），解决目前存在的医疗卫生服务发展不均衡的问题。

5.2.3 提升智慧康养发展水平

一是大力发展"智慧健康技术服务"，包括"互联网+健康服务平台"、健康大数据与云计算服务、物联网健康技术服务、其他智慧健康技术服务。疫情将成为互联网医疗发展的"催化剂"，相关部门要加快发展智慧健康技术、提高智慧健康技术服务水平；积极发展远程就医和健康指导服务，建设互联网医疗企业、公立医院建立的互联网医院，提高医院数字化、智能化水平，实现远程就医和健康指导；通过数字化药店推动医疗服务流通环节的"智能+"升级。二是发展智慧旅游。在疫情过后的修复重建期，在线攻略、点评、推荐、地图等延展服务将获得较快增长，智慧文旅的发展将变得越来越重要。三是建立统一的康养大数据平台和信息服务平台，打造信息化、智慧化康养。

5.2.4 加大对康养产业的政策支持力度

康养产业是一个面向全民的产业，康养产品中的基本产品包括公共健康、基本医疗卫生服务、基本养老服务等。这些基本康养产品涉及人的健康与养老的基本保障，关系到人最基本的生命尊严，因此属于民生范畴，应坚持公益性原则，使得全体公民都能平等地使用保障性康养产品。保证全体公民享受到基本的、保障性的康养服务，是一个国家基本的社会保障问题，决定了一个国家的社会与政治稳定。在我国，这还是体现社会主义制度优越性的基本国策。因此，保障性康养产品具有受益的非排他性和消费的非竞争性，属于公共服务的范畴，具有很强的正外部性，应由政府或政府与市场共同提供，才能满足全体公民的基本康养需要。康养产业具有公共产业性质，从产业生命周期来看，其仍处于成长期。此外，养老产业投资回报率有限，美国、日本等国家的养老产业平均利润率仅在5%上下，对非政府主体吸引力不足。在我国，养老产业作为新兴行业，其资金需求量大，建成后资金回收周期长，投资具有较大的经营风险，也影响了非政府主体的参与意愿。这些都决定了现阶段我国政府对康养产业特别是养老产业应给予较大力度的政策支持。

四川省政府一是应加大对康养产业的资金投入力度，包括增加财政预算资金、提高专项债券发行规模等；二是应加大政策性金融支持力度，针对专门投资于康养产业的基金增开绿色通道，加快审批流程；三是应通过政策调节，平衡城市与农村的基本康养服务供给，实现基本康养服务的均衡供给；四是应实施积极的产业政策，通过财政补贴、土地供给、财税优惠、信贷支持等手段，使社会资本能够获得社会平均的投资回报率，吸引民营资本成为康养产业的重要市场主体；五是应积极支持康养服务为主营业务的公司上市交易，为企业提供直接融资的渠道。

5.3 四川省康养产业投融资机制存在的问题

投融资体制改革作为经济体制改革的重要组成部分，涉及方方面面的内容。改革康养产业投融资体制，对于解决目前四川省康养产业发展中的资金瓶颈问题以及推进四川省康养产业持续健康发展至关重要。

四川省康养产业投融资机制存在以下问题：

一是社会资本和保险资本的投资积极性有待提高，激励机制有待完善。一些较大规模的康养项目资金投入力度大、开发周期长、投资回报慢，对于社会资本和保险资本的吸引力不强；现有吸引社会资本和保险资本参与康养产业投资的政策较多，但细化政策不够完善，使得政策实施效果欠佳，激励机制不够完善。

二是投融资方式比较单一，结构不够合理。目前四川省康养产业投融资方式包括政府投资、政府与社会资本合作、银行信贷、政策性贷款、股权融资等，以银行信贷、政策性贷款、政府投资为主，政府与社会资本合作和股权融资处于初步发展阶段，专项债券、资产支持证券等方式尚未出现，总体上投融资方式比较单一，结构不够合理，导致康养产业发展中存在较大的投资缺口。

三是直接融资工具发展深度不够，发挥作用有限。目前，四川省尚未出现以康养产业为主营业务的上市公司。根据《中国统计年鉴》养老产业专题数据库，养老企业接受外省（自治区、直辖市）股权融资的强度分布极不均衡，北京市、上海市、广东省的养老企业接受外省（自治区、直辖市）股权融资的力度最大，之后是江苏省、浙江省。四川省的养老企业接受外省（自治区、直辖市）股权融资的力度较小，只有五个来源省（自治区、直辖市）：北京市、上海市、重庆市、广东省、浙江省。2015年四川省推出的康养产业专项债，其投资领域一直以养老地产类项目为主，切实用于养老服务企业的资金较少，对康养产业整体推动作用有限。

四是财政支持政策有待细化，财政资金引导作用有待发挥。目前，四川省出台的康养产业财政支持政策数量较多，但配套政策不够健全，一些财政支持政策没有真正落到实处；财政资金对康养产业的投入领域集中在养老机构建设补贴、床位补贴及运营补贴等，对于社会资本投资的引导作用尚未得到充分发挥。

6 国内外康养产业投融资机制发展借鉴

从全球来看，发达国家的康养产业已经进入产业生命周期的成长期甚至是成熟期，其康养产业迅速发展的经济社会背景可以归纳为服务业的持续升级、人口老龄化的巨大挑战等方面。康养产业上游链接制造、房地产、旅游等产业，中下游整合健康、养老、保健服务等产业，并在其中渗透了大数据、互联网等信息科学技术，有助于从技术方面提高产业的服务水平和服务质量。此外，20世纪80年代以后，世界各国普遍面临人口老龄化的问题，相对于发展中国家，发达国家已经比较早地进入老龄化社会。人口老龄化带来诸多的社会影响：一方面对于劳动力市场和现有产业供需市场带来挑战；另一方面也催生了"银发经济"的产业需求，为康养产业的发展带来历史机遇。

到目前为止，全球各国已经有超过100个国家和地区开展了康养产业。2013年，全球健康和旅游产业的规模仅为4 386亿美元，到了2017年，就已经迅速增长到近6 785亿美元。作为近年来一种战略性新兴产业，康养产业在全球呈现出发展迅猛的势头，其发展也备受各国政府的重视和扶持。从各个国家来看，由于不同国家在政治、经济、文化和历史条件方面各不相同，所以其康养产业的发展环境和条件、发展模式、政策体系、路径选择等方面也必然存在诸多差异，但国内外在康养产业投融资机制方面的成功经验对于四川省完善其投融资机制与政策体系仍然具有非常重要的意义。这里我们选取美国、英国等发达国家以及国内部分地区，总结其在康养产业投融资机制方面的成功做法，并提出值得四川省借鉴的经验。

6.1　国外康养产业投融资机制发展借鉴

6.1.1　美国康养产业投融资机制发展借鉴

6.1.1.1　森林康养产业方面

美国是一个森林资源极为丰富的国家，也是最早利用其丰富的森林资源发展养生旅游等森林康养产业的国家。就林地面积而言，美国的林地面积约有 2.981 亿公顷（1 公顷＝10 000 平方米，下同），在该国国土总面积中的占比超过 30%。借助其独特的森林资源优势，美国许多的森林康养场所不断创新森林康养产品品种，优化森林康养服务水平，以深度的运动养生体验提高了对游客的吸引力，游客能够深度体验到集旅游、运动、养生为一体的综合养生度假服务。美国通过加强法治建设，有效保护国家的森林资源，维护森林健康状态，保持生物物种的多样性，维持森林生态系统的可持续性和稳定发展，在此基础上也使得其森林资源能够保持在健康的、适度被开发利用的合理状态。另外，美国政府还对森林康养产业投入大量资金，制定严格的森林康养产业发展标准，注重森林康养人才的培养。

6.1.1.2　健康产业方面

美国的大健康产业增长非常迅速，发展潜力巨大。美国的大健康产业开始发展于 20 世纪 60 年代，是美国仅次于制造、服务、金融保险和房地产的第五大产业，是近十年来美国发展最快的产业。目前，美国的大健康产业占 GDP 的比重超过 8%，已经成为美国的支柱性产业。根据世界银行的数据，2015 年美国大健康产业的规模为 29 857 亿美元，其中医药产业规模约为 4 030 亿美元，占比为 12.5%；保健产业规模为 2 866 亿美元，占比为 9.6%。与此同时，美国人均健康产业支出规模约为 9 200 美元。美国的大健康产业居于世界领先地位。从产业结构来看，美国的大健康产业主要包括家庭和社区保健服务、医院医疗服务、医疗商品、健康风险管理服务、长期护理服务等子产业。其中，家庭和社区保健服务在美国大健康产业中的占比超过一半，是其中最发达的子产业。

6.1.1.3 养老产业方面

美国的养老产业在20世纪六七十年代就取得了一定的发展，但随后由于受到国家政策变动的影响，其产业发展经历了短暂的停滞期。20世纪90年代后，美国的养老产业迅速发展，并取得了显著成效。整体上看，美国养老产业发展具有以下特点：一是养老产业市场化程度非常高。在世界各国中，美国是养老产业市场化发展最成功的国家。美国于1978年推出的"401K计划"，使得老年人的养老金资产积累不断增加，价值得以提升，老年人得以分享美国经济的发展成果。二是大型养老企业不断涌现。作为世界上市场经济最发达的国家，其养老产业的市场化程度非常高，美国养老企业的商业化投资模式发展也很成熟。近年来，随着政府有关部门的大力支持和市场条件的优化，Del Webb公司、NCP和Elderhostel公司等一批具备实力的养老企业大量涌现，涉足领域涵盖老年医疗、房地产、旅游、金融等各个方面，可见美国养老企业的商业化投资模式发展已经非常成熟。同时，通过一系列政府措施的推出，政府在养老产业发展中的主导作用也得到了充分发挥。

美国养老产业的快速发展得益于其完备的投融资体制：一方面，美国拥有全球最发达的金融市场；另一方面，美国政府对于其养老产业实施了有效的政策支持。这两大因素为美国养老产业投融资机制提供了重要保障。因此，对于我国而言，具有重要的借鉴意义。

首先，要形成高度市场化的多元的投融资机制。与欧洲国家相比，美国养老产业投融资更多的是企业自身的市场行为，这与美国的自由主义市场经济密切相关。同时，美国政府在其中也发挥了积极有效的资金引导作用，这也发挥了一定的保障作用。目前，美国养老企业的融资来源多样化。以美国老年服务中心为例，其融资来源既包括政府拨款、申请基金会与科研经费支持，又包括社会捐款、向服务群体收费等其他形式。此外，美国社会资本对于养老产业的参与度相对较高，在养老PPP与REITs方面都广泛涉及。美国养老PPP与REITs融资从20世纪60年代时就开始大量使用。其中，REITs模式被大量应用于养老地产方面。美国金融机构对于养老项目的贷款力度也很大，大型养老企业获取贷款的难度较小，有大量的金融工具可供选择。例如，美国养老产业有成熟的反向住房抵押贷款制度，即"倒按揭"。美国政府和一些金融机构向老年人推出的"倒按揭"

贷款，至今已经有 20 多年的发展历史。"倒按揭"发放对象为 62 周岁以上的老年人，使老年人能够"以房养老"，其主要有联邦政府保险的"倒按揭"贷款、由金融机构办理专有"倒按揭"贷款等不同形式。"倒按揭"的具体业务流程是：老年人将房屋产权抵押给金融机构，经金融机构进行专业评估后分期支付老年人一笔固定金额的钱，抵押期间老年人仍享受房屋使用权，在其去世以后，金融机构即享受房屋处置权，通过销售、出租等方式收回贷款本息。"倒按揭"这种模式，为老年人和金融机构都带来了一定的好处。对于老年人来说，既解决了其居住问题，又使其能够获得稳定的资金来源。对于金融机构来说，则促进了其业务多元化，增加了其利润来源。再比如，生命周期基金（life cycle fund），基金管理人依据养老人退休日期最接近的生命周期为其选择基金产品，帮助投资人调节相关的投资配置，解决了多数养老人所面临的投资配置变化问题，使得其能够从容应对年龄、收入、风险偏好的变化。

其次，美国养老产业投融资服务体系和制度保障非常健全。美国资本市场非常发达，这使得美国公司上市融资更加快捷。此外，美国还拥有发达的金融服务机构和中介体系，如纳斯达克证券交易所、摩根大通集团等，这些金融服务机构和中介体系可以为养老企业提供一系列专业的投融资服务。美国作为制度建设十分完备的国家，在养老产业投融资保障体系构建方面同样处于世界前列。早在 1935 年美国国会即通过了《社会保障法案》，截至目前，已形成了较为完备的养老保障制度，包括养老保险制度和医疗保险与救助制度等，从而保证了老年人的收入水平和消费能力。此外，美国各层级政府服务体系也为养老产业融资提供了有效保障：一是推动养老产业相关政策的制定和推行；二是监督相关产业计划的制订和实施；三是拓展养老产业投融资渠道，保障产业发展的资金供给。

6.1.2 英国康养产业投融资机制发展借鉴

欧洲大部分国家是典型的"福利国家"，政府财政预算是发展养老产业最主要的融资来源，这是欧洲国家养老产业投融资机制的典型特点。20世纪五六十年代以后，这种以政府财政预算为主的养老投融资机制越来越难以为继，欧洲国家纷纷出台相关政策，大力鼓励和支持社会资本进入养老产业，政府与市场积极发挥各自的优势，分工也越来越清晰。20 世纪 70

年代，为了解决"大萧条"带来的财政危机，英国通过一系列政策积极鼓励私人部门投资公共项目的建设。在养老产业领域，英国早在20世纪90年代就基本实现了私有化，社会资本成为养老产业的主导投资力量，形成了企业、政府和个人共担的养老模式。近年来，英国养老产业对社会资本开放的程度进一步加深，民营企业在英国居家养老服务供给体系中的占比超过70%，在养老护理院供给主体中的占比超过60%。养老产业国家养老金来源主要由年轻时缴纳的国家养老金、职业养老金、个人储蓄和购买的养老保险构成，形成"个人缴纳+职业养老金+储蓄保险"相结合的养老服务模式，企业在养老产业融资中的作用越来越显著。英国的住房反向抵押贷款开展得比较成功。住房反向抵押贷款在英国又被称为"逆向年金"，老年人将房子抵押给银行所获得的贷款须充当保费用来购买年金。在英国，房子不存在使用年限的问题，同时相关金融机构对住房反向抵押贷款业务开展的时间比较长，业务操作比较规范，因此老年人的权益能够得到比较好的保障。此外，英国完善的金融市场和中介服务市场也为其养老产业融资提供了有力保障。以英格兰银行为代表的银行业和以伦敦证券交易所为代表的证券业均在全球具有举足轻重的地位，金融基础设施完善，融资服务体系完备，这也为英格兰养老产业的多元化和市场化发展提供了有利的条件。

在英国养老产业中，尽管企业扮演着主要角色，但英国地方政府却是低收入者养老的"最终付款人"。地方政府的社保部门亲自参与一些老年人的家庭护理工作，并拥有和管理少量的养老院。

21世纪以来，不断深化的人口老龄化问题为英国养老产业投融资机制带来深刻影响。经济合作与发展组织（OECD）数据显示，目前英国老年人口比例已经超过17%，到2050年这一比例将达到29%。人口老龄化程度的快速深化要求财政支出同步增长。为有效缓解财政压力，近年来英国采取措施，不断吸引国外资产对其养老产业进行投资，养老产业对外资的开放程度不断加深。

6.1.3 德国康养产业投融资机制发展借鉴

德国是世界上发展森林康养产业最早的国家，早在19世纪40年代初期，德国就已经开始发展森林康养产业。在德国，森林康养被称为"森林医疗"，重点在于医疗环节的健康恢复和保健疗养。伴随着森林康养产业的发展，在德国，森林康养被纳入国家医疗保障体系，患者凭着医生的处方可以享受免费的森林疗养。这一政策的实施带来了很好的效果，德国人的健康水平上升了30%，国家由此每年可以节约数百亿欧元的医疗费用。森林康养产业的发展不仅带动了住宿、餐饮、交通等行业的发展，还催生了森林康养治疗师、导游、护理等职业。在森林康养产业发展中，德国还形成了一批极具国际影响力的森林康养企业，如高地森林骨科医院等，也由此提高了其森林康养产业的国际竞争力。德国规定所有国有林、集体林和私有林都向旅游者开放，目前，德国的康养医院数量超过350家，每年森林旅游者超过10亿人次。德国森林康养产业的发展极大地带动了德国乡村旅游业的发展，成为带动德国乡村振兴的重要推动力。

德国养老产业的发展还得益于其具有比较完备的法律基础和条件。德国是世界上第一个以比较完备的立法确立社会保障制度的国家，其起源可以追溯到19世纪末德国俾斯麦首相时期。1889年，俾斯麦首相颁布的《伤残和老年保险法》是世界上第一部养老保险法律，奠定了德国养老产业发展的法律基础。此后，德国在养老保险方面的法律不断得以完善，推动了其养老产业的发展。

6.1.4 日本康养产业投融资机制发展借鉴

6.1.4.1 森林康养产业方面

日本的森林康养产业起步相对较晚，从20世纪80年代才开始发展森林康养产业，但其森林康养产业发展速度非常快。日本对于森林康养开展了大量的实证研究，初步证明了森林浴对于人类健康的益处，从此开始大力推广森林浴。在短短几年时间里，日本发展成为世界上在森林健康功效测定技术方面最先进的国家。日本具有发展森林康养产业的适宜的气候条件，森林资源也比较丰富，具备发展森林康养产业的独特优势。同时，日本制定了统一的森林浴基地评价标准，大力加强森林浴基地建设，加强对专业人才的培养力度。从2009年起，森林疗法协会就开始实施对疗法师的培训和认证，培养了一大批森林疗法师。以上措施的实施取得了很好的效果，推动了日本的森林康养产业在几年的时间里迅速崛起。

6.1.4.2 养老产业方面

日本是全球老龄化率最高、老龄化速度最快的国家。早在 1970 年，日本 65 周岁以上人口比例就达到 7%。2000 年，这一比例上升为 17.4%。2006 年，日本 65 周岁以上人口比例在世界范围内率先突破 20% 的大关。2015 年，这一比例进一步上升到 26.7%，而 80 周岁以上人口为 1 000 万，创下历史新高。预计到 2035 年，日本 65 周岁以上人口比例将达到 33%，2060 年将高达 40%。截至 2015 年年底，日本需要护理的老年人人口为 467 万，认知症人口约为 500 万。

严峻的老龄化趋势给日本带来了空前的养老压力，但同时也迅速催生了老年消费市场需求的增长。日本政府的家庭收支调查显示，老年人群消费已经超过老年人口的增长速度。在这一背景下，日本政府在发挥政策主导作用的基础上，积极引进市场机制，让各方市场主体都参与到养老产业中来，使养老产业和其相关产业链形成了良性循环，得到快速的发展，老年人的生活质量也得到了提高。

日本拥有比较稳定的公立年金制度，政府对退休人员再就业和创业给予一定的支持。以上措施提高了老年人的消费能力，为产业的发展提供了需求。另外，日本的养老产业吸引了大量社会资本的进入，使得政府可以以较小的代价得到最大的社会收益。

日本养老产业在市场规模、社会功能、从业人员的专业化和生产技术装备的专门化等方面都具备了产业发展的基础，支持养老产业进入扩张期，产业规模约为 39 兆日元，今后将以 4%~5% 的年增长率稳定成长，至2025 年成为拥有 112 兆~155 兆日元巨大规模的支柱产业。日本的养老产业大体可分为五大范畴：老年产品制造业领域、老年生活和护理服务领域、老年房地产领域、老年金融保险领域、老年休闲服务领域。

日本养老产业投融资机制经历了一个不断探索和完善的过程。

首先，日本政府探索形成多元化养老产业投融资主体。在养老服务产业的发展中，由于日本政府的财力有限，其负责的社会福利事业无法满足所有老年人日益增长的多样化需求，因此政府采取措施积极引导社会资本建立中小型企业投资养老健康产业。引导社会资本投资养老产业，是一国构建多层次、多元化养老服务体系的有效途径。此外，由于养老产业资金投入规模大、行业平均收益率低的特点，养老产业发展往往会面临融资难的问题。长期以来，日本的老龄化问题都非常严重，融资问题始终是其产业发展过程中面临的首要难题。为解决这一难题，日本不断在丰富养老产业投融资主体方面进行积极的创新。日本在养老产业方面形成了由政府公共财政引导、社会资本主体积极参与的多元化投融资主体的投融资模式。对于不同类型的养老产业，政府和企业发挥着不同的作用，分工非常明确：公益性基础设施建设主要由政府出资建设，并界定服务对象和服务范围；经营性养老设施和服务供给则主要由社会资本投资建设，政府通过补贴、税收优惠等经济手段发挥引导作用，借助资本市场实现养老保险金的保值与增值，推动养老产业的发展与壮大。

其次，日本政府对于养老产业融资提供了大量的政策扶持，充分发挥政府的引导作用。在着重于构建多元化养老产业投融资主体的同时，要注意的是，政府在养老事业和养老产业发展上都肩负着不可或缺的使命。养老事业是养老产业的保障，在此保障基础上，政府工作的重心应该转化为服务机制的有效提供，以及产业发展的积极监管。日本具有世界领先的政务管理机构和完善的政府服务体系，政府高效规范的服务机制为养老产业发展节省了不必要的审批流程和相关费用，也保证了市场环境的良性有序运行。日本社会融资服务机构和中介服务机构发展也相当完备，其金融服务机构主要有大和证券、三井住友、富士银行等，会计师事务所如德勤等、律师事务所如高桥大谷等都具备了全球领先的服务质量和水平，为养老产业融资提供了强大的配套支持。1988 年，日本政府开始为养老企业提供低息免息的长期贷款，并给予税收优惠政策。

最后，日本注重相关法律体系建设，为养老产业发展奠定了法律基础，促进了养老产业的发展。完善的法律体系是康养产业投融资机制创新的来源。早在 20 世纪 60 年代日本养老产业发展之初，日本政府就相继颁布了相关法律，推动养老产业发展。1963 年日本颁布了《老年福利法》，倡导保障老年人生活利益，推行社会化养老。全国大范围修建福利院，所用经费 75%由国库支付，25%由地方政府负担。1969 年东京率先对 65 周岁以上老年人实行免费医疗，1973 年老年人免费医疗作为国策在全国推行。但是，由于国民家庭观念较重，最后形成了养老院无人问津的局面，免费医疗带来的庞大财政问题也日益棘手，促使日本逐渐开始从纯社会化向居家养老过渡。1989 年颁布的《高龄老人保健福利推进 10 年战略计划》

等政策法规为日本养老产业的发展提供了法律保障。在以上政策法规的基础上，日本形成了养老金制度、国民健康保险、老年人保健等一系列社会保障制度，建立了以养老年金保险制度、看护政府保险和长寿医疗保险为主要内容的养老保障格局，为养老产业融资创造了有利环境。随着老龄化的加深，医疗、护理等方面的保险压力越来越大，日本政府通过促进医养结合，完善老年人医疗与护理保险制度。日本于2000年颁布了《介护保险法》，并在《介护保险法》的基础上开始实施"介护保险制度"。《介护保险法》从法律层面上将对老年人的看护照料责任由家庭层面扩展到了社会整体层面，促进了养老产品、养老设施和老年住宅、金融保险等需求的增加。总之，日本政府通过建立起一整套完整的促进养老产业发展的法律体系，并经过国家强制手段予以推行，最终取得了极佳的实施效果，这一做法值得我国借鉴。

6.2　国内康养产业投融资机制发展借鉴

6.2.1　海南省康养产业投融资机制发展借鉴

借助独特的生态环境和自然资源，海南省多年来注重康养产业的发展，在养老产业、医疗健康产业、康养旅游产业、森林康养产业、中医药康养产业等方面都具有一定优势。

在养老产业方面，海南省充分发挥其地理位置的独特优势，加之其阳光康养的气候和自然条件，不断树立"健康岛"的养老目的地形象，吸引了数量众多的"候鸟老人"群体。这类群体往往在海南省度过一个冬天的时间，停留时间较长，并且具有较强的消费能力。

在医疗健康产业方面，2015年海南省政府确定将医疗健康产业作为该省重点发展的产业之一，并予以政策扶持。在政策支持下，2015年海南省的健康服务业对全省GDP的贡献率达到5.7%。海南省政府对于医疗健康产业的主要支持措施包括：一是加快医疗健康产业基础设施建设。借助三亚中医院、解放军医院分院等平台，海南省与国内外医疗机构和健康管理服务机构开展深度合作，提高了自身的总体医疗服务水平，大批具有特色的医疗康复机构不断涌现。二是医疗健康产业与旅游业融合发展。海南省的医疗旅游产业发展在全国居于领先地位，2013年开始规划建设了国内首个国际医疗旅游先行区——博鳌乐城国际医疗旅游先行区，先后吸引了30多家国内一流的医疗企业在此聚集，开展高端医疗科学研究和技术研发，目前已在干细胞临床研究、肿瘤治疗、医美抗衰、辅助生殖和中医药健康旅游等方面特色鲜明，在国内具有一定的影响力和知名度。2020年3月，海南省卫健委发布《健康海南行动实施方案》，提出开展18个健康促进专项行动，全面提升海南医疗与公共卫生服务的专业化、标准化、国际化水平，力争到2022年和2030年，医疗健康产业增加值占全省生产总值的比重分别达到5.5%和10.5%。

在康养旅游产业方面，海南省自然环境优越、地理区位优势明显，发展康养旅游的基础设施较为完备。在各项国家层面的入境旅游优惠政策的推动下，海南省坚持国际化发展，出台关于提高海南省国际化水平和促进入境旅游发展的实施方案，推动中医医疗康复、养生保健、健康服务与旅游产业的融合，带动旅游产业、文化产业、房地产业及配套服务业实现协同发展，积极探索健康养生农庄、健康养生度假区等康养旅游产业发展的新模式。

在森林康养产业方面，森林康养已经成为推动海南省林业供给侧结构性改革的重要途径。海南省目前拥有8个国家级森林公园和17个省级森林公园，在全国现有的100多家森林康养试点基地中，海南省就拥有4家。

在中医药康养产业方面，中国中医药理疗闻名中外，海南省具有温泉和黎药（槟榔、沉香）等独特的中医药资源。到三亚旅游的境外游客中进行中医药理疗消费的比例高达80%。除了在省内推进建设中医药项目，海南省还积极寻求与其他地区合作，加快中医药产业的发展。2016年，海南省与四川省签署了中医药战略合作协议，以实现两省在中医药康养产业方面的优势互补，深度整合健康养生文化资源。

6.2.2 深圳市康养产业投融资机制发展借鉴

深圳市在生物健康产业和康养旅游产业方面具有一定的发展优势。

在生物健康产业方面，深圳市的生物健康产业发展迅猛。早在2009年深圳市就提出要重点打造生物医药产业集群，从此，生物和生命健康产业逐渐发展成为该市经济增长的新动力和新引擎，年均增长速度在15%左右。2018年，深圳市生物医药产业增加值增速突破22%，居该市七大战略新兴产业之首。深圳市作为"生物医药基地"的城市名片逐渐打响，已经建成多个生物和生命健康产业重点园区。目前，深圳市生物健康产业在A股、港服和新三板上市的企业已接近50家。

在康养旅游产业方面，深圳市采取多种措施，积极打造产业发展的独特优势：一是设施全域旅游战略。深圳市政府积极推动该市由景点旅游模式向全域旅游模式转变，努力打造景点内外一体化发展，借助空间全景化的理念发展旅游产业。二是积极发展普惠旅游。在康养旅游产业发展的过程中，该市注重完善产业的生活服务功能，加强产业的公共服务体系建设，构建舒适、便捷的旅游环境，提高产业就业吸纳力等，使得普通百姓从产业发展中获得更多实惠。三是探索"智慧+康养旅游"的产业新模式。深圳市依托自身的信息科技产业优势，推动信息科技与康养旅游产业实现深度融合，推进人工智能、虚拟现实、无人机等各类新技术在旅游服务和产品开发中的应用，探索建立具有深圳特色的创新智慧旅游、高科技旅游体验区域或主题街区，培育深圳市"智慧+康养旅游"的产业发展新模式。

7 四川省康养产业投融资机制构建应坚持的原则

结合四川省康养产业发展现状以及四川省康养产业投融资机制存在的问题，以美国、英国、德国、日本以及我国海南省、深圳市康养产业投融资机制方面的经验做法为借鉴，四川省康养产业投融资机制的构建应坚持促进康养产业供给，满足康养产业需求；坚持政府引导下的多元主体参与；完善对非政府主体激励；创新融资机制；强化政府监管约束等原则。

7.1 促进康养产业供给，满足康养产业需求原则

作为人口大省，四川省老龄化水平显著高于全国平均水平。2018 年，四川省 60 周岁及以上常住人口达 1 762.5 万人，占人口总量的 21.13%，比全国高 3.25 个百分点；65 周岁及以上常住人口达 1 181.9 万人，占人口总量的 14.17%，比全国高 2.23 个百分点。四川省老龄化发展速度快，2018 年其 60 周岁及以上人口占比相对 2010 年提高 4.83 个百分点，平均每年提高 0.6 个百分点；65 周岁及以上人口占比相对 2010 年提高 3.22 个百分点，平均每年提高 0.4 个百分点。根据预测，到 2030 年和 2050 年，四川省 65 周岁及以上人口占比将分别达到 20.11% 和 25.7%。一方面，人口老龄化的加速发展导致人们对康养产业的需求不断增加；另一方面，2019 年我国人均 GDP 已经超过 1 万美元，成都市 2019 年人均 GDP 已经超过 10 万元，比全国平均水平高 40%，已经跨过了联合国高收入经济体 12 700 美元的门槛。人均 GDP 的提高导致人们对于高品质康养产品和服务的"消费

升级时代"已经到来,进一步刺激了人们对康养产业的需求。而 2020 年的新型冠状病毒肺炎疫情下外部需求急剧减少导致的"扩大内需"战略的调整,将进一步强化对康养产业快速发展的刺激。

康养产业具有的资金投入规模大、资金回收周期长、投资回报率有限等特征,导致产业供给有限,相对产业需求存在较大的供给缺口。通过优化投融资机制,我国政府才能从根本上激励供给主体,增加产业供给规模,满足日益增长的康养产业需求。

7.2　坚持政府引导下的多元主体参与原则

康养产业的产业生命周期特征决定了政府应提供积极的支持和引导。我国康养产业发展时间不长,目前仍处于产业成长期,产业发展需要积极的产业政策进行配合。政府的支持和引导能够向市场释放积极的产业信号,对产业发展发挥巨大的引导与推动作用。康养产业的准公共产品属性和外部性特征决定了政府应提供必要的支持和引导。此外,根据福利多元主义理论,福利的提供不能只依靠政府,应该由政府和非政府主体共同承担。康养产品和服务既包括具有公共产品属性的"基本康养产品和服务",又包括具有私人产品属性的"改善康养产品和服务"。因此,构建一个国家、市场、社会和社区为主体的多维康养服务供给体系,就显得尤为重要。

7.3　完善对非政府主体激励原则

康养产业投资回报率有限,美国、日本等国的养老产业平均利润率仅在 5% 左右,对非政府主体吸引力不足。而我国养老产业作为新兴行业,资金需求量大,建成后资金回收周期长,投资具有较大的经营风险,也影响了非政府主体的参与意愿。

据测算,2030 年以前,我国政府在养老服务体现建设领域存在着一定的资金缺口。"十三五"期间,政府在养老服务体现建设领域的资金缺口合计为 4 419 亿元，年均资金缺口为 884 亿元；2021—2030 年，政府在养老服务体现建设领域的资金缺口逐渐缩小，合计约为 4 227 亿元，年均资金缺口为 423 亿元；预计在 2030 年之后，政府在养老服务体现建设领域的资金缺口仅为 163 亿元，基本达到紧平衡状态。但是，在考虑提高养老服务质量的情况下，2021—2030 年，政府在养老服务体现建设领域的资金缺口不但没有缩小，反而还不断扩大，年均资金缺口为 992 亿元，合计 9 915 亿元。另外，据测算，"十三五"期间，基本养老服务业对民间资本的投资需求合计为 6 464 亿元；2021—2025 年，基本养老服务业对民间资本的投资需求合计为 5 629 亿元；2026—2030 年，基本养老服务业对民间资本的投资需求合计为 5 546 亿元；2014—2030 年，基本养老服务业对民间资本的投资需求合计为 20 274 亿元，平均每年约为 1 193 亿元。因此，为保障在未来能够为老年群体提供质量不断提高的养老服务，仅依靠政府的投资是远远不够的，还需要通过完善对非政府主体的激励措施，提高非政府主体的投资积极性。

要想实现政府引导下的多元主体参与，就需要吸引市场、社会等非政府主体，特别是民营资本成为康养产业的重要主体。完善的激励机制的构建，将成为非政府主体参与康养服务体系建设的关键所在。

7.4 创新融资机制原则

康养产业的持续健康发展需要有完善的融资体系，相关部门可通过"产融结合"实现康养产业和社会资本的双赢。建立完善的融资体系需要拓宽融资渠道、丰富融资工具和改善融资结构。因此，相关部门要积极探索和创新适合我国康养产业发展现状和发展特征的融资渠道和融资工具，构建包括股票、债券、银行信贷等多元化融资体系，进一步发挥政策性金融和开发性金融对康养产业融资的积极作用。

7.5 强化政府监管约束原则

为了保证养老服务的可及性，许多国家对部分康养产品和服务进行价格限制，因此康养产业具有一定的福利性。基本的康养服务涉及社会的基本稳定，是一个社会民生问题，涉及公平正义，需要进行保底供给，这就需要政府进行相应的干预。另外，由于信息不对策问题，康养产品和服务的质量难以保证，这也需要政府通过监督机制予以保证。

8 四川省康养产业投融资机制构建的目标

本章基于四川省康养产业的发展现状和康养产业投融资机制存在的问题，在借鉴国内外好的做法的基础上，提出四川省康养产业投融资机制构建的具体目标。

8.1 形成多元的投融资主体

康养产业的产业生命周期特征决定了政府应提供积极的支持和引导。我国康养产业发展时间不长，目前仍处于产业成长期，产业发展需要积极的产业政策进行配合。政府的支持和引导能够向市场释放积极的产业信号，对产业发展发挥巨大的引导与推动作用。康养产业的准公共产品属性和外部性特征决定了政府应提供必要的支持和引导。根据福利多元主义理论，福利的提供不能只依靠政府，而是应该由政府和非政府主体共同承担。康养产品和服务既包括具有公共产品属性的"基本康养产品和服务"，又包括具有私人产品属性的"改善康养产品和服务"。

结合我国康养产业发展阶段、康养产业的属性和特征，以及国内外康养产业发展的经验，四川省康养产业要优先形成多元的投融资主体。具体而言，就是要发挥政府财政资金的示范引导作用，积极吸引社会资本成为康养产业的重要投融资主体，构建包括企业、政府、金融机构等在内的多元化的康养产业投融资主体系统；以推进康养产业投融资市场化、社会化为目标，构建以企业投资为主体、以政府财政投资为导向、以金融机构投资为支撑、以外资和证券市场等各类资金为补充的多元化投融资体系，形成一个国家、市场、社会和社区为主体的多维康养服务供给体系。

8.2　形成丰富的投融资渠道

从国内外康养产业发展实践来看，康养产业整体上呈现出所需投资额较大、回收期限较长、平均利润率较低、投资风险较大等特点，因此对于资本的吸引力不大，产业发展中时而会面临资金短缺的问题。为促进康养产业健康发展，相关部门必须采取措施，形成丰富的投融资渠道。

除基础性康养等保障性、民生性领域外，政府财政资金的投资方式应尽量避免采取无偿拨款的方式，而是通过政府参股控股、资本金投入和担保、贴息等灵活多样的财政投资方式，提高财政资金的使用效率；不断创新康养产业投融资渠道，形成"政府投放为引导、企业投资为主体、社会资金积极参与"的结构合理、管理规范的投融资渠道。

拓宽康养产业投融资渠道的着力点主要包括三个方面：一是鼓励和引导各类投资主体积极投资康养产业。随着国家扶持政策的发布和实施，地方政府、民间资本对康养产业的投资热情空前高涨。只要各类投资主体愿意投资康养产业，国家就可以考虑在土地供给、税费减免、财政补贴、银行贷款等方面给予其更多优惠，让资本能够真正享受到社会平均投资收益，这对于引导民间资本投资康养产业发展至关重要。二是大力拓宽康养产业直接融资渠道。由于康养产业平均利润率偏低，一般康养企业很难完成原始资本积累。随着我国资本市场的壮大和政府的大力扶持，越来越多的康养企业希望能够通过资本市场进行直接融资。相关部门可通过证券市场让康养企业股票直接上市，或者鼓励优秀的康养企业发行康养产业专项债券，破解康养企业融资难、融资贵的问题。相关部门应依托多层次资本市场体系，拓宽投资项目融资渠道，支持有真实经济活动支撑的资产证券化，盘活存量资产，优化金融资源配置，更好地服务康养企业发展。三是大力推进康养产业间接融资渠道，最大限度地降低成本。绝大多数康养企业面临资本规模小、自有资金比例低下、担保渠道短缺的发展困境，银行贷款很难对康养企业给予关照，本书建议国有银行对从事康养服务业的企业，按照政策性贴息手段的方式给予扶持。政策性、开发性金融机构要加大对康养产业的支持力度。政府通过 PPP 模式、政策金融贷款方式，或者大力推动我国康养服务业通过资本市场融资的方式，尽快为康养服务业企业提供更多渠道，使投资模式多样化。相关部门应鼓励并扶持社会资本参与康养产业投资建设，完善保险资金等金融机构对康养产业的投资机制；在风险可控的前提下，逐步放宽保险资金对康养产业的投资范围，创新资金运用方式；鼓励通过债权、股权、资产支持等多种方式，支持康养产业重大基础设施、重大项目的建设。

8.3 形成完备的投融资制度体系

四川省应完善康养产业投融资相关制度建设，对企业与政府行为进行进一步规范：一是完善康养企业投融资管理体制，由康养企业依法依规自主决策投资行为，落实企业投资的主体地位；二是进一步明确政府在康养产业中的投资领域。相关部门应明确政府资金主要投向具有公益性质的基础性康养项目，原则上不支持改善性康养项目。政府投资资金按项目安排，以直接投资方式为主，对确需支持的改善性康养项目，考虑到其具有的经营性性质，应主要采取资本金注入的投资方式，对于确实需要的，也可以适当采取投资补助、贷款贴息等方式。安排政府投资资金，应当符合推进中央和地方财政事权与支出责任划分改革的有关要求，并平等对待各类投资主体，不得设置各类歧视性条件。对政府投资项目要开展项目实施和事中事后监管，政府的投资年度计划、政府投资项目审批和实施以及监督检查的信息等应当依法公开。

8.4 形成完善的投融资管理机制

四川省应按照"谁投资、谁决策、谁收益、谁承担风险"的原则，不断完善康养产业投融资管理机制。

一是要合理界定政府部门的投资职能，建立政府部门投资决策责任追究制度。政府部门要统一财政资金对康养产业的投资渠道，集中管理财政资金，提高财政资金的使用效率。对于康养产业发展基金等康养专项资金，相关部门要保证专款专用，不得挪用；要加强对政府投入资金的监管和检查，实行投资考核、监管和反馈机制；建立健全康养产业投资风险补偿机制，不断完善政府部门对于康养产业发展的间接调控职责；科学合理地界定四川省政府及下级政府部门对于康养产业的财政支出责任，务必保证基础性康养项目的资金需求；健全政府部门对于康养产业的相关投入机制，不断优化政府财政资金对于康养产业的投入结构，加大康养产业领域资金保障力度。四川省各级财政在安排相关转移支付时应建立结果导向的康养投入机制，开展康养投入绩效监测和评价。

二是要完善康养产业投融资领域的市场机制建设。相关部门要在政府部门的引导下，建立以市场为主体的康养产业投融资机制，充分调动企业等投资主体对于康养产业投资的积极性，充分发挥市场的决定性作用，激发康养产业发展的市场活力；鼓励和引导社会资本进入康养产业，对于可以实行市场化运作的康养产业基础设施、康养项目和康养服务领域，应积极鼓励和引导社会资本进入；不得增加和保障康养产业的供给水平。

9 四川省康养产业投融资机制构建的主要内容

康养产业投融资机制是指为康养产业融入资金，通过一定的运作方式，形成产业资产或资本的经济活动过程。四川省康养产业投融资机制应在坚持以上目标的基础上，着重从投融资主体、投融资渠道、投融资制度、投融资管理机制等方面进行构建。

9.1 投融资主体构建

首先，四川省康养产业投融资机制的构建需要形成多元化的投融资主体。长期以来，房地产企业、保险企业、医疗企业、家政或物业企业是投资康养产业的传统的投融资主体。随着产业不断成熟，产业边界与覆盖人群的持续扩大增长，吸引其他领域企业的投资进入成为必然趋势。如 2020 年 7 月，旺旺集团宣布进入养老产业，与日本专业养老品牌 EARTH SUPPORT 株式会社合作，在上海开展养老服务，并成为上海首批长期护理保险指定服务单位。银行、保险、基金等各类金融机构纷纷推出个人养老金融产品，作为重要的主体进入康养产业。银行、保险、基金等各类金融机构都已推出个人养老金融产品，如基金公司推出了养老目标基金，银行推出了养老理财产品、养老储蓄产品等，保险公司则推出了养老型年金产品、养老保障管理产品等，并在 2018 年启动了税延型养老险。

四川省应构建以企业、政府、金融机构等为主的多元化康养产业投融资主体体系；以推进康养产业投融资市场化、社会化进程为目标，构建以企业投资为主体、以政府财政投资为导向、以金融机构投入为支撑、以外资和证券市场等各类资金为补充的多元化投融资体系；发挥财政资金的示范效应，吸引社会资本成为康养产业的重要投融资主体。

9.2 投融资渠道构建

目前，四川省康养产业投融资的主要来源渠道包括政府财政投入资金、商业银行贷款、保险公司投入资金、企业投入资金等。其资金来源主要是财政基金、金融机构贷款、企业资金，而资本市场、外商投入资金较少。整体而言，四川省康养产业的融资方式比较单一，投资方式不尽合理。财政投资方式基本上采取的是无偿拨款的方式，政府参股控股、资本金投入和担保、贴息等灵活多样的投资方式尚未得到有效利用。

四川省应不断创新康养产业投融资来源渠道，优化康养产业投融资结构；建立"政府投放为引导、企业投资为主体、社会资金积极参与"的结构合理、管理规范的投融资渠道。一是商业银行应在有效控制风险的基础上，创新融资方式，增加康养产业的资金供给；二是积极调动保险资金等金融资金的作用，更好地发挥保险资金对康养产业的支持作用；三是对于市场化、规范化程度高的康养服务企业，应积极为其创造直接融资机会，大力发展直接融资；四是不断完善激励机制和制度保障，不断吸引社会资本发展成为康养产业重要的投资主体。

9.3 投融资制度体系构建

四川省在其康养产业投融资活动中，应不断完善企业投资管理机制，由企业依法依规自主决策投资行为；不断完善政府在康养产业的投资行为，对于确需政府投资的公共卫生服务、基础医疗服务、基本养老服务等非经营性康养项目和领域，应通过制度规定，确定政府对这些领域的投资责任，并且可以通过特许经营、政府购买服务等市场化的方式，以政府负责提供、市场具体供给的方式来保障最终的产品和服务的供给，增加康养产业的整体供给能力。

9.4 投融资管理机制构建

结合康养产业发展实际，四川省应采取措施，不断完善康养产业投融资管理机制：一是要按照"谁投资、谁决策、谁收益、谁承担风险"的原则，落实企业投资自主权；合理界定政府投资职能，建立投资决策责任追究制度；建立康养产业投融资决策机制和投资风险补偿机制，不断完善政府对康养产业发展的间接调控机制。二是要以积极的财政政策支持保障性康养产业发展，通过实施税收优惠、利差补贴、提供低息和无息贷款、提供担保等支持手段，确保投资主体获得平均利润率。三是要建立科学的投融资管理和运作机制；统一财政对康养产业投入渠道，集中管理财政资金，提高资金使用效率；对于康养产业发展基金等康养专项资金，实行专款专用；加强对政府投入资金的监管和检查，实行投资考核、监管和反馈机制，提高资金使用效率。四是要优化投资结构与投资次序，统筹兼顾，有步骤、分阶段地进行投资。即先要满足保障性康养产业的资金需求，再满足改善性康养产业的资金需求。

10　四川省康养产业投融资机制构建的具体路径

为保证四川省康养产业投融资机制形成多元的投融资主体、丰富的投融资渠道、完备的投融资制度体系，四川省有必要采取一系列具体的实施路径。

10.1　加大政府对康养产业发展的支持力度

康养产业具有准公共产品的性质，"十四五"时期基本医疗卫生事业的公益性再次被强调，因此政府应加大对康养产业发展的支持力度。

首先，四川省政府应加大对康养产业的财政资金投入力度，包括增加康养产业财政预算资金、提高地方政府康养产业专项债券的发行规模、增加政府彩票公益金投入康养产业的比例等。养老产业金融是健康养老产业的关键一环，对产业发展起到不可或缺的作用。因此，从政策和资金层面来看，政府要进一步强化对养老产业金融的支持，从降低金融工具的准入门槛、政策资金投入等方面给予政策支持。例如，放宽养老服务企业上市标准，对专门投资于养老服务业的基金通过开设专用绿色通道的办法加快审批流程，放宽养老服务产业引导基金存续期限等。养老产业金融的发展需要政府出台专项的政策细则进行支持，能使金融更好地发挥对健康养老产业的支持作用。

其次，四川省政府应充分利用政策性金融的财政与金融兼顾的特点，强化政策性金融对康养产业的支持。康养产业项目投资金额大、回报周期长、公益性等特点决定了政策性金融与多种投融资渠道结合是康养产业投融资的主要模式。四川省政府应发挥政策性金融的资金优势，提高对康养产业的金融支持力度，特别是发挥政策性金融工具在区域市场均衡中的调节作用。政策性金融工具能够发挥产业引导的功能，促进不同区域间实现协调发展。从金融工具的投资区域来看，经济发达地区金融工具的投资效率往往更高，更容易吸引市场资本，而经济欠发达地区金融工具的投资效率往往较低，难以吸引市场资本，因此仅依靠市场性金融工具只会加剧地区间产业发展的差异。如果要实现不同区域间的协调发展，需要加强政策性金融工具对经济欠发达地区产业的支持力度：一方面，需要政府在确定政策性金融工具试点城市时，均衡区域选择，将试点指标向经济欠发达地区进行一定程度的倾斜；另一方面，可评估区域政府的财政支付能力，重点补贴财政支付能力较弱的区域，起到金融带动的作用。四川省政府可以以政府资金作为区域康养产业发展的种子资金，引导当地社会资本投向，促进区域间产业发展均衡；利用政策性金融政策对康养产业的投资结构、融资结构、地域发展差异进行协调；通过政策调节，不断完善基本康养社会保障水平，平衡发达地区与欠发达地区、城市与农村的基本养老服务供给，实现基本康养服务的均衡供给；通过政策性金融工具，减少市场性金融工具的区域投资效率的差异，起到引导市场、培育市场、促进区域同频发展的作用。

10.2 强化激励机制，提高社会资本投资积极性

四川省政府应针对康养产业对社会资本吸引力不足的现状，不断完善激励机制，提高社会资本的投资积极性：一是加大对康养产业的财政支持力度，充分发挥财政补贴、贷款贴息、运营补贴、税收优惠等财政支持工具的作用，提高康养产业的行业平均利润率水平。二是通过土地供给、人才培训、信贷支持等手段为康养产业发展提供土地、人才和资金保障；加大政府购买服务在康养产业中的运用力度，进一步厘清政府与市场的关系。三是针对康养产业资金需求量大、资金回收周期长、投资风险大的特点，积极吸引保险资金等机构资金的投入。四是积极吸引公益慈善组织、

志愿组织等非正式组织的参与。以养老产业为例，受到长期以来形成的养老文化的影响，目前我国养老的主要形式仍然是居家养老，并且可以预见，在未来很长时间内，这一状态也不会有太大的变化，这就使得各类养老机构需求在短期内难以有大幅度的增加，养老产业的利润率水平长期将保持在较低的水平。为了吸引社会资本的投资，就需要政府对投资养老产业的企业给予一定的优惠政策，使得它们能够获得一个合理的投资回报率。只有这样，才能提高社会资本投资养老产业的积极性。

为了强化激励机制，提高社会资本投资养老服务业的积极性，本书建议实行地方规费优惠政策或补贴支持政策。在民政部文件的基础上，对民办养老机构给予一次性建设补贴和运营补贴，由各地政府根据本地财政状况和物价水平对补贴水平予以调整，并实行贷款贴息等政策。

10.3　区分不同的康养服务，构建不同的投融资体系

不同的康养服务，其公益性质和市场性质也不同，因此四川省政府应采取不同的投融资机制。按照所提供产品的属性不同，康养服务可以区分为保障性康养服务和改善性康养服务。保障性康养服务是人们需要享受的最基本的康养服务，具有公益性质，属于社会事业的范畴，涉及社会基本民生。从产品属性来看，其属于公共产品的范畴，应该由政府无偿提供，政府可以通过政策性融资工具给予资金支持。改善性康养服务是在最基本的康养服务的基础上，根据自身差异化的需求，通过支付对价享受的高品质的康养产品和服务，具有市场性质，属于市场商品和服务的范畴。从产品属性来看，其属于私人产品的范畴，应该由市场有偿提供，政府通过激励政策吸引社会资本的积极参与，通过市场性融资工具获得资金来源。

对于养老产业，在坚持保障基本的总体原则的前提下，政府部门应进一步完善市场机制，完善养老产业投融资政策：一是筹措资金，提供资金保障。政府养老服务最重要的是资金的投入，各级政府应将养老经费列入财政预算，专门用于养老服务体系建设。同时为鼓励社会力量投资养老事业，政府应给予资助政策，如补贴、贷款贴息、税收减免、土地支持等优惠政策。二是引入市场机制，加大社会扶持力度。政府部门应通过创新养

老服务的提供模式，将市场引入养老行业，对现存国有养老机构进行市场化改革，将其改为股份制或非政府营利机构；鼓励以公办民营、民办公助、委托管理、合资合作、商业化运营等方式开展养老服务，并给予社会力量资金支持和财政补贴，优惠提供土地，减轻投资压力；对于健康产业，应进一步细化投融资政策，不断扩大业务规模。

10.4　推动保险公司成为养老产业重要的投融资主体

保险企业具有持续稳定的现金流量、强大的资本撬动能力、天然的产品业务联系和良好的品牌信誉，能够在康养产业链布局上不断取得突破性进展。2014年，国务院提出要"创新养老保险产品服务""发展多样化健康保险服务"；2017年，原中国保监会在《中国保监会关于保险业支持实体经济发展的指导意见》中指出，要发挥保险产品和资金优势，推动健康和养老产业发展；2018年，国务院要求加快发展商业养老保险，促进养老服务业多层次、多样化发展。

近年来，国家出台的康养相关政策均有鼓励商业保险公司来提供养老健康保险产品和服务的内容。如《国务院关于促进健康服务业发展的若干意见》以及保险业发展方面的《国务院关于加快发展现代保险服务业的若干意见》，都将康养产业作为当下保险行业发展的一个新的发展空间，鼓励并支持保险机构进入康养产业，为保险与康养的结合创造了很好的政策环境。众多保险公司逐渐把重心从一开始的养老服务运营转向康养保险产品设计等方面。我国保险在康养产业发展过程中，长期致力于以房养老保险试点，虽然花了很大的工夫，但在这一小众市场，一直没有取得较好的成绩，除个别保险企业投入康养项目外，保险产品对康养发展的支持长期缺位。我国近年来出台的政策文件，加大了保险支持康养发展的力度。企业年金、职业年金、商业养老保险等，都将为康养发展带来新的机会，也将形成新的商业模式。以商业养老保险为例，在国家财力有限的情况下，政府主导的基本养老保险具有"广覆盖，低水平"的特点，这在很大程度上难以满足广大老年群体的养老保险需求，客观上对于保险公司积极发展商业养老保险业务提出了要求。首先，我国有大量的失能和半失能老年人，他们不同程度地需要护理照料服务，保险公司的养老护理保险业务具有广阔的发展前景。养老护理保险是指为需要长期照顾的被保险人提供护理服务费用补偿的一种保险业务。依据保险范围不同，我们可将其分为医护人员看护、中级看护、照顾式看护、家中看护四个等级。产品类型主要包括日额津贴、费用补偿、服务提供等单一或交叉的方式，给付期限包括一年、数年、终年等。其次，保险公司的资产特点决定了其非常适合于投资养老机构，这一方面为保险公司自身巨额的资金开辟了一条投资渠道；另一方面可以体现保险公司承担的社会责任。

从国际经验来看，保险公司是康养产业重要的投融资主体，而目前我国除个别保险企业投资养老项目外，保险资金对于康养产业的支持长期缺位。2013 年，我国开展了老年人住房反向抵押养老保险的试点活动，但参与者不多，规模太小，没有形成可以复制推广的经验模式。相对于其他机构，保险公司开展老年人住房反向抵押业务更为合适，因为保险公司能够依靠生命表定价的机制和自身掌握的客户数据进行经验分析。保险公司对自有客户采取"以房养老"或"以保单养老"的服务方式比其他机构拥有更准确的定价权。此外，保险公司还能借此完善养老服务产业链条，如为投保老年人推出健康保险和医疗保险组合产品的附加值服务，为投保老年人提供养老社区服务、居家服务、体检中心、旅游服务等一揽子服务计划，还可以为老年人提供理财服务等。

四川省应进一步完善相关政策措施，降低相关税收和交易费用，提高住房反向抵押养老保险产品的吸引力；通过大力发展企业年金、职业年金、个人储蓄性养老保险、个人商业性养老保险等，深化医药卫生体制改革，完善统一的城乡居民医保和大病保险制度，健全基本医保筹资和待遇调整机制，持续推进医保支付方式改革，加快落实异地就医结算制度，推广和普及长期护理保险，不断提高老年人的支付能力；通过以上措施的实施，以带动保险公司成为康养产业重要的投融资主体。

保险公司成为康养产业重要的投融资主体，有利于我国加快试点和推进长期护理保险。目前，我国已经有多个长期护理险试点城市，中国共产党第十九届五中全会提出，要"衔接配合建立长期护理保险制度"。一些民间资本也逐步涉足养老领域，如海航投资宣布与中融人寿合作，进行"养老社区+保险"模式的新探索。在长期护理保险制度试点和推广的过程中，民间资本需要在土地开发、财税补贴、政策支持等优惠政策方面获得更多支持，从而减轻社区养老事业财政负担，提升养老产业的效率和质量。

10.5　推广政府与社会资本合作在康养产业中的应用

在养老机构建设中，政府与社会资本合作模式首先有助于吸引私人资本投资，弥补政府财力不足；其次有助于提高养老机构的运行效率。把追求利润最大化的高效的私营部门养老机构运营职能和政府监管等公关部门的核心职能相结合，有利于发挥私营部门养老机构和政府部门各自的优势，提高养老产业的运营效率。

政府与社会资本合作模式在康养产业中的实践运用，有利于吸引更多社会资本的投入，增加康养产业的资金来源，有效缓解政府财政困难；有利于加速政府职能转变，增加政府公共服务和公共产品的供给能力，提升政府公共服务和公共产品的供给质量与供给效率；有利于有效拓宽融资渠道，促进康养产业投资主体多元化。由于以上优势的存在，政府与社会资本合作模式在新加坡、美国等国家康养产业中得到比较广泛的应用。

因此，可以展望，政府与社会资本合作模式是促进我国康养产业健康发展的理想途径，可以有效地解决康养产业发展中的核心问题。发展 PPP 养老产业对于破解我国老龄化难题将起到非常重要的促进作用，它的实践运用一方面对于稳定经济增长、调整产业结构、促进改革、优惠民生发挥积极的作用，另一方面又是有效拉动社会需求、增进社会效益、提高人们幸福感与获得感的现实路径。目前，在养老领域尚无成熟的 PPP 项目模式可循，但部分城市已经进行了养老领域 PPP 模式的探索。因此，在我国，健康养老服务业研究并引入 PPP 模式是大势所趋，也是时代的选择。

2016 年 3 月 16 日，第十二届全国人民代表大会第四次会议决议通过了《中华人民共和国国民经济和社会发展第十三个五年规划纲要》（以下简称《规划纲要》）。《规划纲要》肯定了在医疗和养老领域通过运用政府和社会资本合作模式来增加医疗、养老服务和产品的供给数量，提高医疗、养老服务和产品质量，能够有效缓解医疗、养老的供给需求与供给数量及质量不匹配的矛盾。四川省应采取措施，推广政府和社会资本合作模式在康养产业中的应用：一是要加强对经济欠发达地区发展康养 PPP 模式提高更多的支持，包括取消社会资本参与的属地限制，对社会资本投资进行财政补贴等，以此解决 PPP 模式在区域间康养服务市场效率不平衡的问题；二是要鼓励商业银行、证券公司等金融机构创新和探索适合 PPP 项目的融资机制，拓宽信贷抵押担保物的范围，减轻抵押担保压力，为社会资本投资参与康养产业提供融资支持。

10.6　支持康养服务为主营业务的公司上市直接融资

截至 2019 年年底，A 股上市公司中涉及或正在布局养老概念板块的公司共 54 家，且大部分公司的主营业务并不是康养产业。目前，大部分公司的主营业务并不是康养产业。整个康养产业尚未出现市场占有率较高的龙头企业，整个康养产业的发展整合空间巨大。以上 54 家企业中，有 34 家上市公司有康养板块财务数据。

四川省唯一一家具有康养业务的上市公司是久远银海（002777），该公司自 2015 年开始在深圳中小企业板上市交易，总市值为 76 亿元。该公司成立于 2008 年，总部位于四川省成都市，所属 Wind 行业（金融数据和分析工具服务商）为应用软件。2019 年其营业收入为 10.16 亿元，其中软件开发收入占比达 45.91%，为公司的主营业务。也就是说，久远银海（002777）虽然是一家具有康养业务的上市公司，但是其主营业务并非康养业务。目前，四川省还没有主营业务为康养业务的上市公司。

整体上讲，目前四川省上市公司中涉及康养业务的只有久远银海一家公司，且其主营业务也并非康养产业。因此，四川省政府应创造条件，为主营业务为康养业务的公司提供更多的上市交易的机会，不断拓宽康养企业的直接融资渠道。

10.7　世界银行和亚洲开发银行支持养老产业融资

2018 年 6 月,《国务院关于积极有效利用外资推动经济高质量发展若干措施的通知》指出,优化区域开放布局,引导外资投向中西部等地区。2020 年 5 月,中共中央、国务院提出,以共建"一带一路"为引领,加大西部开放力度;支持重庆、四川、陕西发挥综合优势,打造内陆开放高地和开发开放枢纽。

世界银行和亚洲开发银行近年来积极扶持养老项目,主要支持养老基础设施示范项目和养老体系建设。国内落地项目如 2014 年安徽省获得世界银行贷款 1.4 亿美元,用于安徽养老服务体系建设;2016 年亚洲开发银行为宜昌社会化养老综合服务示范项目提供 1.5 亿美元贷款。

四川省应与世界银行和亚洲开发银行保持紧密联系,积极争取以上两行对于四川省康养产业发展的资金支持。

10.8　探索股权并购、康养专项债券等新型投融资方式

目前,四川省康养产业发展集中度较低,缺乏产业龙头企业,这在一定程度上限制了四川省康养产业规模的扩大。四川省政府应采取措施,鼓励规模较大的康养企业通过股权并购实现规模扩大,整合康养和旅游产业资源,支持企业跨区域和跨领域发展,提高康养产业集中度水平,尽快培育形成占据产业龙头地位的大型康养企业集团。

为促进康养产业金融的发展,塑造良好的营商环境,四川省政府在金融产品创新方面要加强政策支持。鉴于康养产业投资机会向全产业链延伸,四川省政府可在现有金融系统风险承受能力范围下,围绕几个产业环节,设计特色的交易结构,实现康养产业链金融的创新。本书建议四川省政府积极探索资产支持证券(ABS)、股权质押等新型融资模式在康养产业的应用,大力推动康养专项债券、康养产业投资引导基金、养老信托计划、养老设施租赁等服务平台建设;引入风险投资、创业基金和康养专项

产业发展扶持基金；优化康养产业发展环境，鼓励康养产业金融产品创新，为金融工具创新提供良好的政策环境，使金融工具最大限度地发挥对康养产业的推动作用。

11 四川省康养产业投融资机制构建的保障政策

我国康养产业的发展还停留在探索期，资本投入与产业发展的积极性在很大程度上受法规和政策扶持影响。为保证四川省康养产业投融资机制的顺利推进和实施，相关部门应构建并实施保障政策体系，包括财政补偿政策、税收优惠政策、金融支持政策、土地政策和人才政策。

11.1 财政补偿政策

从保障性康养产品的资金供需特征来看，保障性康养产品具有资金供给有限、资金需求巨大、存在较大资金供需缺口的特征。如果政府不加以干预，将严重影响保障性康养产品的正常提供。

政府应创新资金保障机制，加大财政资金投入力度，采取政策性资金与多种投融资渠道相结合的投融资模式；为专门投资于保障性康养服务业的基金增开绿色通道，加快审批流程，放宽产业引导基金存续期限等；对保障性康养服务设施、保障性智慧养老机构、长期护理保险个人负担费用等进行补贴；在保障性康养产业中增加政府购买社会服务方式的应用；对于社会资本通过公办民营、民办公助等方式开办非营利性康养服务机构的，要给予更大的财政补贴支持。各级政府应设立康养产业专项资金，用于康养人才培育、康养基础设施建设和康养品牌建设等工作；加大财政资金对康养产业的倾斜力度，大力支持康养项目建设。四川省政府应扩大对康养产业的财政贷款贴息规模，整合财政资金，集中财政力量打造重点康养项目。

在康养产业中，政府应针对养老产业完善其财政补贴支持政策。各级政府要按照国家相关政策要求，将民政部本级彩票公益金，以及地方各级政府用于社会福利事业的彩票公益金的50%以上的资金用于支持发展养老产业，将推动养老服务发展所需的资金纳入当地政府的年度财政预算中，为保障性养老服务业提供充足的财政资金保障；加大政府对于公办养老机构新建和维修改造的财政资金投入力度，利用政府专项债券支持公办养老服务设施建设项目；对于民办养老机构建设给予一次性建设补贴。

11.2 税收优惠政策

从2013年开始，为支持康养产业发展，我国陆续出台了相关的税收优惠政策。2013年至今我国国家层面出台的康养产业税收优惠主要政策见表11.1。

表 11.1 2013 年至今我国国家层面出台的康养产业税收优惠主要政策

序号	颁文机构	时间	文件名称	涉及康养产业税收优惠的内容
1	国务院	2013 年 9 月	《国务院关于加快发展养老服务业的若干意见》	对养老机构提供的养护服务免征营业税，对非营利性养老机构自用房产、土地免征房产税、城镇土地使用税，对符合条件的非营利性养老机构按规定免征企业所得税
2	原国土资源部	2014 年 4 月	《养老服务设施用地指导意见》	对民办福利性、对非营利性养老机构自用的房产、土地免征房产税、城镇土地使用税，对经批准设立的民办养老院内专门为老年人提供生活照顾服务场所免征耕地占用税

表11.1(续)

序号	颁文机构	时间	文件名称	涉及康养产业税收优惠的内容
3	民政部、原国土资源部等部门	2014年5月	《民政部 国土资源部 财政部 住房城乡建设部关于推进城镇养老服务设施建设工作的通知》	城镇养老服务设施建设过程中发生的规费按照有关政策给予减免。城镇养老服务设施用电、用水、用气、用热按居民生活类价格执行
4	国家发展和改革委员会、民政部等部门	2014年9月	《关于加快推进健康与养老服务工程建设的通知》	对非营利性医疗、养老机构建设要免予征收有关行政事业性收费,对营利性医疗、养老机构建设要减半征收有关行政事业性收费,对养老机构提供养老服务要适当减免行政事业性收费
5	民政部、国家发展和改革委员会、教育部等部门	2015年2月	《关于鼓励民间资本参与养老服务业发展的实施意见》	对民办养老机构提供的育养服务免征营业税,对养老机构在资产重组过程中涉及的不动产、土地使用权转让,不征收增值税和营业税。对符合条件的小型微利养老服务企业,按照相关规定给予增值税、营业税、所得税优惠
6	民政部、国家发展和改革委员会、教育部、财政部等部门	2016年10月	《关于支持整合改造闲置社会资源发展养老服务的通知》	凡通过整合改造闲置社会资源建成的养老服务设施,符合相关政策条件的,均可依照有关规定享受养老服务建设补贴、运营补贴等资金支持和税费减免、水电气热费用优惠等政策扶持
7	国务院办公厅	2016年12月	《国务院办公厅关于全面放开养老服务市场提升养老服务质量的若干意见》	各级政府要加大资金投入力度,支持养老服务设施建设,切实落实养老机构相关税费优惠政策,落实彩票公益金支持养老服务体系建设政策要求。鼓励各地向符合条件的各类养老机构购买服务

表11.1(续)

序号	颁文机构	时间	文件名称	涉及康养产业税收优惠的内容
8	国务院办公厅	2019 年4 月	《国务院办公厅关于推进养老服务发展的意见》	聚焦减税降费，养老服务机构符合现行政策规定条件的，可享受小微企业等财税优惠政策。对在社区提供日间照料、康复护理、助餐助行等服务的养老服务机构给予税费减免扶持政策
9	财政部、税务总局、国家发展和改革委员会等部门	2019 年6 月	《财政部 税务总局 发展改革委 民政部 商务部 卫生健康委关于养老、托育、家政等社区家庭服务业税费优惠政策的公告》	为社区提供养老、托育、家政等服务的机构，按照规定享受税费优惠政策

从整体上看，目前我国康养产业的税收优惠政策还存在着系统性不强、优惠力度不够、落实难度较大等问题。这些问题的存在不利于调动社会资本投资康养产业的积极性，在一定程度上影响了康养产业的发展。

在以上国家政策的基础上，四川省也针对康养产业专门出台了相关的税收优惠政策。2020 年9 月，《四川省创建全国医养结合示范省实施方案》指出，对医养结合机构落实税费优惠政策。具体来讲，就是对医养结合机构实行一定程度的行政事业性费用减免政策，实行水、电、气、热享受居民价格的优惠政策；对于其中符合小微企业认定标准的，可以在税收方面享受小微企业所得税优惠政策；落实对于康养产业的减税降费支持政策，对于符合小微企业认定标准的养老服务机构，可以在税收方面享受小微企业所得税优惠政策，包括免征增值税，实施普惠性所得税减免政策，按照税额的50%减征资源税、城市维护建设税、房产税、城镇土地使用税、印花税、耕地占用税和教育费附加、地方教育附加，免征印花税，等等。完善养老服务业的税费优惠政策。相关部门要按规定对从事康养的企业或经营户落实税收优惠相关政策，使得它们能够享受一定的财政补贴，出台专门政策进行奖励。从事康养服务的企业、个体经营户在水、电、气、热费用上应按居民或者低于居民价格。尤其应加大对农村地区养老企业和机构的支持力度，清理和取缔对于康养企业和康养机构的不合法行政收费项目，纠正价格歧视性行为。

相关部门在以上税收优惠政策的基础上，为鼓励社会资本投资康养产业，对于企事业单位、社会团体和个人等社会力量，通过非营利性的社会团体和政府部门向福利性、非营利性的老年服务机构的捐赠，在缴纳企业所得税和个人所得税时准予全额扣除。对于合伙制康养产业基金，可延长其可弥补亏损的结转年限，比照创投基金的70%抵扣法给予税收优惠。对于研发康养高精尖技术的企业，经认定为技术先进型服务企业，减按15%的税率对其征收企业所得税。对于康养企业适当放宽小型微利企业的认定标准，经认定后享受小型微利企业的税收优惠政策。对于从事康养服务的企业和个体经营户，在征收企业所得税时适用"两免三减半"的优惠政策。对于康养企业的城建税、教育费附加、地方教育附加费、文化事业建设费等相关税费，予以免征或部分征收。

相关部门还可以在养老产业领域积极试点和推广以房养老的模式；在住房反向抵押贷款和保险的初期，对申请人和经营机构给予一定的税收优惠；在一定程度上减免个人所得税，免除入保房屋产权证更名税费和或有房产税；等等。

11.3 金融支持政策

在金融支持政策方面，相关部门可以创新康养产业投融资方式，强化政府与金融机构以及企业的"政银企"合作；引导各类金融机构加大对康养产业的融资力度，积极为康养企业和康养项目推出具有创新性和针对性的融资产品和服务；对于保障性康养服务业，应加大政策性金融的融资力度，在投融资方面给予更多支持；引导各类担保机构支持康养产业，为康养项目提供融资性担保。

相关部门还应不断拓宽康养企业的融资渠道；积极利用资本市场的融资功能，大力支持符合条件的康养服务为主营业务的公司通过上市直接融资；加强与国际金融组织等的联系与交流，拓宽康养产业利用外资的渠道和方式，增加四川省康养企业的资金来源。

11.4 土地政策

从国家层面来看，康养产业的土地政策经历了 2013—2015 年的萌芽期、2016—2017 年的深化期，从 2018 年开始进入政策的实施期。萌芽期的土地政策以 2012 年 7 月民政部下发的《民政部关于鼓励和引导民间资本进入养老服务领域的指导意见》为代表。该文件规定，对于符合条件的民间资本举办养老机构或服务设施的，其经营所需土地可以按照土地划拨目录依法划拨。2018 年 1 月，《中共中央 国务院关于实施乡村振兴战略的意见》提出，预留部分规划建设用地指标用于单独选址的农业设施和休闲旅游设施等建设。2018 年 9 月，中共中央、国务院印发《乡村振兴战略规划（2018—2022 年）》，提出对集中连片开展生态修复达到一定规模的经营主体，在符合土地利用总体规划及相关规定的前提下，利用 1%~3% 治理土地用于发展康养、旅游等产业开发。2019 年 2 月，国家发展和改革委员会、民政部、国家卫生健康委员会联合印发文件规定，城市政府通过提供土地、规划、融资、财税、医养结合、人才等全方位的政策支持包，企业提供普惠性养老服务包，向社会公开并接受监督。2020 年 1 月，新修改的《中华人民共和国土地管理法》正式实施，规定通过出让等方式取得的集体经营性建设用地使用权可以转让、互换、出资、赠予或者抵押。以上国家层面政策的推出为康养产业解决发展中的用地难题提供了遵循和指导，有利于缓解康养产业，特别是乡村康养产业用地的供需矛盾。

在以上政策的指导下，2018 年 6 月 30 日，中国共产党四川省第十一届委员会第三次全体会议通过了《中共四川省委关于全面推动高质量发展的决定》，提出要对四川省的土地要素进行市场化配置改革。2019 年 4 月，四川省委、四川省人民政府明确提出，对发展乡村旅游、休闲农业等确需使用建设用地的，探索实施点状供地。同时，其明确规定"点状用地"政策适用范围包括在农村健康养老建设项目。2019 年 7 月，四川省自然资源厅提出，为了助推乡村振兴可以在四川省农村实施"点状用地"的土地政策，特指出点状用地的实施范围涵盖农村基础设施和公共服务设施，休闲农业、乡村旅游和健康养老，农产品生产加工（流通）和手工作坊，以及符合相关规定的农村新产业新业态的建设项目。点状用地一般仅适用于容积率低、层数以低层为主的开发建设项目。目前，我国农村点状用地的项目主要包括康养产业、乡村旅游、乡村公共服务和乡村智慧信息等新产业新业态。目前这种政策应用比较多的地方主要有浙江省、广东省、江苏省、海南省、重庆市等。

为有效缓解四川省康养产业用地问题，本书建议，四川省政府按照《促进健康产业高质量发展行动纲要（2019—2022 年）》《中华人民共和国土地管理法》等文件要求，提出具体的缓解乡村康养产业用地方面的政策规定。2020 年 1 月，新修改的《中华人民共和国土地管理法》规定允许集体经营性建设用地入市，这为进一步盘活农村集体闲置资产，以及以村集体建设地开发乡村旅游等康养项目扫除了政策障碍。四川省应在此政策基础上，充分利用和进一步细化土地管理政策，为康养产业发展提供土地保障。一是盘活存量用地。四川省要充分发挥其土地利用总体规划的管控作用，合理安排康养项目建设用地规模。国土部门对四川省境内所有用地情况进行摸底调查，了解闲置、低效用地的规模与具体位置，政府可以先收回土地再通过"招拍挂"的方式优先出售给康养企业。对于因政策原因导致土地批而未供的，相关部门可以按照相关要求及时调整土地用途加以盘活；鼓励对闲置农房等进行充分整合，通过适当修缮、建设后作为康养民宿等康养项目的经营土地使用。二是合理新增土地。四川省可以通过积极支持进行建设用地复垦，以及对废弃的园地、荒滩、林地整理用于发展康养产业，尽量减少对于耕地的占用。如果确需占用农民土地的，要充分考虑到对于农户权益的保护，鼓励农民采取转包、转让、出租、互换、入股等方式来经营其土地承包经营权，进行土地流转。考虑到康养项目在农用地中建设景区公共服务设施等附属设施的需要，相关部门应加快出台相应的政策措施。三是加强集约用地，保障康养项目建设用地需要。对于非营利性康养项目，四川省可以通过土地划拨的方法进行支持；对于营利性康养项目，四川省可以依据相关政策规定在一定条件下优先满足土地需求；对于拟建项目库中的项目建设需要用地的，在启动前四川省应提前与相关部门进行衔接，做好项目建设用地保障工作；对于康养工业、旅游等康养项目因特殊原因急需开工的工程，四川省可申请先行用地，重大项目可以享受快捷的土地审批手续。

另外，2019 年 7 月 1 日，四川省自然资源厅印发的《四川省自然资源厅关于规范实施"点状用地"助推乡村振兴指导意见（试行）的通知》，对于保障土地供给、推动四川省康养产业，特别是对于推动农村地区康养产业发挥了积极作用。但该文件的有效期过短，只有两年。因此，本书建议，四川省在评估该文件实施效果的基础上适当延长政策的有效期。对于"点状用地"的具体实践和做法，本书建议，四川省应充分借鉴其他地区的成功经验，对以上政策进行进一步的完善和细化，做出进一步的探索和实践。早在 2016 年，重庆市就对休闲农业、乡村旅游等建设项目探索实行"点状用地"做出了明确规定。重庆市巴南区、武隆区在"点状用地"方面也进行了积极的探索，并取得了一定成功，有效解决了地区内乡村旅游项目面临的"规划难""用地难"的问题。

考虑到养老产业的公共产品特征，本书建议，四川省政府专门针对养老产业所需用地制定专门的土地政策，切实保障供给。

11.5 人才政策

人才是产业发展的重要因素支撑和推动力。作为新兴产业，康养人才的培育对于产业迅速崛起意义重大。康养产业人才的种类很多，包括生活服务人才、医疗护理人才、生活照顾人才、机构管理人才、教育培训人才等。对于康养产业而言，人才要素对其发展有着深刻影响。与康养产业快速发展的现状不相适应的是，目前我国康养专业人才相对匮乏，远未达到国际康养从业人员和技术人员的标准及要求。人才短缺成为我国康养产业发展的重要"瓶颈"。"十三五"期间，我国每年年均新增养老护理员需求达 38 万人，政府需要承担的养老护理员培训补贴年均达 4.2 亿元。2021—2030 年，我国每年年均新增养老护理员需求达 50 万人，政府需要承担的养老护理员培训补贴年均达 6.8 亿元。此外，2015—2030 年，因均摊解决现存的 615 万个养老护理员缺口，我国每年还将增加近 4.8 亿元培训补贴需求。预计到 2030 年，我国养老护理员需求将达到 1 435 万人，成为提供就业岗位的重要市场。因此，相关部门应加大对康养产业的人才政策的推出力度，确保康养产业发展的人才供给，这对于康养产业保持持续健康发展意义重大。从 2010 年开始，我国就从国家层面对养老产业人才培育提供了资金支持。自 2010 年起，民政部就从福利彩票公益金中拨出专款，专门用于养老护理员的培训。从 2010 年的 1 500 万元到 2011 年的 2 000 万元、2012 年的 3 000 万元，呈现出逐年递增的势头。预计到 2030 年，民政部每年将会从福利彩票公益金中拨出 1 000 万元用于养老服务人员的培训；到 2030 年年末，民政部将从福利彩票公益金中拨出用于养老服务人员培训的资金总量约为 2.45 亿元。

从发达国家的发展经验来看，它们都非常重视对康养人才方面的政策的建立和完善。如日本颁布了《福利人才确保法》，从法律上给予相关养老服务人才应有的经济和社会地位。因此，我国只有提供相应的经济社会保障，才能真正留住这种专业型人才。

为满足康养产业发展对人才的需求，自 2013 年以来，我国陆续出台了关于康养产业方面的人才政策，如《国务院关于加快发展养老服务业的若干意见》明确了三项主要的康养产业人才措施：一是高等院校和中等职业学校增设养老服务相关专业，扩大人才培育规模，加快培养老年医学、护理、康复、营养、心理、社会工作等方面的专门人才；二是开展继续教育和远程学历教育，建立养老服务实训基地，加强老年护理人员专业培训；三是对养老护理人员给予相关补贴，提高养老护理人员和专业技术人员的待遇，鼓励大专院校对口专业毕业生从事养老服务工作。

四川省应在国家政策的基础上，采取积极措施，努力扭转康养人才短缺的现状。一是对现有康养人才提供财政补贴，增加康养职业的吸引力。政府财政部门设立养老护理岗位奖励津贴，直接发放给养老护理员本人。毕业生专职从事养老服务的可获入职奖励，分若干年发放。二是加强培训，提高现有康养人才的综合素质。相关部门对于养老服务人才应实行分类培训、分层培训和全员培训；引导和鼓励高校和职业院校开设老年医学、老年护理、老年社会工作、营养与保健等课程；建设国家级高技能康养人才培训基地，发挥国际康养学院等院校人才培养平台的作用，紧跟产业发展需求培养康养专业人才。三是充分利用"成渝地区双城经济圈"的战略机遇，建立川渝两地康养人才合作培养机制，共同建立成渝双城康养人才专家库，共同推进康养产业实用型、创新型和复合型人才培养。四是在此基础上通过构建完善的人才管理机制和人才竞争机制，建立完善的奖惩制度，规范人才市场竞争行为。五是采取措施积极引进国外康养高级专门人才，间接引进国外先进的康养管理技术和经营模式，提高康养产业国际合作水平。

12 结论

在"健康中国"战略和成渝地区双城经济圈建设背景下，四川省康养产业发展迎来了重要发展机遇，而投融资机制不完善是目前四川省康养产业发展的最大难题。本书揭示了通过投融资机制促进康养产业持续健康发展的内在机理，基于四川省康养产业发展现状、康养产业投融资现状，提出四川省康养产业投融资机制构建的具体目标：①形成多元化投融资主体；②形成丰富的投融资渠道；③形成完备的投融资制度体系；④形成完善的投融资管理机制。四川省康养产业投融资机制构建的内容主要包括投融资主体、投融资渠道、投融资制度、投融资管理机制等。四川省康养产业投融资机制构建的具体路径包括：①加大政府对康养产业发展的支持力度；②强化激励机制，提高社会资本投资积极性；③区分不同的康养服务，构建不同的投融资体系；④推动保险公司成为养老产业重要的投融资主体；⑤推广政府与社会资本合作（PPP）在康养产业中的应用；⑥对康养服务为主营业务的公司拓宽融资渠道，支持上市直接融资；⑦世界银行和亚洲开发银行支持养老产业融资；⑧探索股权并购、康养专项债券等新型投融资方式。为保证四川省康养产业投融资机制的顺利推进和实施，相关部门应构建并实施保障政策体系，包括财政补偿政策、税收优惠政策、金融支持政策、土地政策、人才政策等。

参考文献

卜从哲，2018. 河北省康养产业创新发展的环境分析及其路径选择 [J]. 中国乡镇企业会计（1）：11-14.

陈冰，孔祥荣，2021. 康养产业引导的乡村振兴规划研究 [J]. 中国名城，35（3）：37-45.

陈芳，2018. 供给侧改革视角下的攀枝花康养产业发展研究 [J]. 纳税（33）：169-170.

陈海鹏，2019. 康养产业引领农村一二三产业融合发展 [J]. 农村实用技术（9）：66-67.

陈佳丽，2017. 我国养老事业推广 PPP 模式的对策探讨 [J]. 会计之友（19）：78-82.

陈柯，2015. 林下养生产业社会需求分析 [J]. 林业经济（12）：54-60.

陈力，陈华，周凌杉，2018. 资源型城市转型理解辨析与对策思考：以攀枝花康养特色产业为例 [J]. 价值工程（1）：7-10.

陈巧，2017. 四川省休闲体育与康养产业融合的发展研究 [J]. 当代体育科技，7（17）：220-221.

陈先五，刘旺霞，2017. "两型社会"视角下湖北省文化产业投融资机制研究 [J]. 企业经济（12）：148-152.

陈雅婷，2017. 基于桐庐健康小镇实践的健康产业要素与政策创新探索 [J]. 中华医院管理杂志，33（2）：128-132.

程臻宇，2018. 区域康养产业内涵、形成要素及发展模式 [J]. 山东社会科学（12）：141-145.

崔晨丹，2016.PPP 模式下养老机构建设问题研究：基于河北省唐山市的调研 [J]. 河北企业（6）：92-94.

戴金霞，2017. 常州市康养旅游产品开发与产业发展对策研究 ［D］. 南京：南京师范大学.

邓三龙，2016. 森林康养的理论研究与实践 ［J］. 世界林业研究，29 (6)：1-6.

丁文珺，熊斌，2020. 积极老龄化视域下康养产业的理论内涵、供需困境及发展路径分析 ［J］. 卫生经济研究，37 (10)：3-7.

丁小宸，2018. 美国健康产业发展研究 ［D］. 长春：吉林大学.

董克用，姚余栋，2019. 中国养老金融发展报告：2019 ［M］. 北京：社会科学文献出版社.

范恒山，2021. 成渝地区双城经济圈建设的价值与使命 ［J］. 宏观经济管理 (1)：12-14.

房红，2022. 健康中国战略下健康养老产业投融资机制优化研究 ［J］. 攀枝花学院学报，39 (1)：1-12.

房红，顾福珍，2020a. "成渝地区双城经济圈" 建设背景下四川省康养产业发展对策研究 ［J］. 商业经济 (12)：35-37，180.

房红，张旭辉，2020b. 康养产业：概念界定与理论构建 ［J］. 四川轻化工大学学报（社会科学版），35 (8)：1-19.

冯佳，2019. 基于政府干预理论的我国养老产业财税政策研究 ［J］. 财会通讯 (26)：124-128.

弗兰克·K. 赖利，埃德加·A. 诺顿，2005. 投资学 ［M］. 李月平，等译. 北京：机械工业出版社.

高杰，2019. 中国—东盟养生产业合作开发路径研究 ［J］. 中国西部 (2)：44-51.

高铭蔓，2018. 攀枝花市产业转型与可持续发展研究 ［D］. 成都：西南交通大学.

高妍蕊，2017. 康养产业发展要加强体制机制和信用体系建设 ［J］. 中国发展观察 (17)：41-42.

郭德君，2016. 中国健康产业国际化的思考：以中华养生文化及中医药产业国际化为分析视角 ［J］. 社会科学 (8)：43-50.

郭金来，2019. 康养产业集群发展：宜都经验与实证研究 ［M］. 武汉：武汉大学出版社.

韩秋，王欢欢，沈山，2019. 康养产业发展路径研究［J］. 经济师（7）：15-16.

何彪，谢灯明，蔡江莹，2018. 新业态视角下海南省康养旅游产业发展研究［J］. 南海学刊，4（3）：82-89.

何莽，2017. 中国康养产业发展报告：2017［M］. 北京：社会科学文献出版社.

何莽，2019. 中国康养产业发展报告：2018［M］. 北京：社会科学文献出版社.

何莽，2020. 中国康养产业发展报告：2019［M］. 北京：社会科学文献出版社.

何莽，2021. 中国康养产业发展报告：2020［M］. 北京：社会科学文献出版社.

胡建华，钟刚华，2020. 赣南苏区康养产业发展路径研究［J］. 决策咨询（5）：93-96.

胡振宇，黄艳，2015. 中医健康养生保健服务产业存在的问题与对策［J］. 企业经济（12）：114-117.

华宏鸣，2013. "积极养老"的全方位探索：应对人口老龄化方针、内容和动力的研究［M］. 上海：复旦大学出版社.

姜雨欣，等，2020. 四川省会展业与康养产业融合发展研究［J］. 商展经济，19（11）：1-4.

金媛媛，王淑芳，2020. 乡村振兴战略背景下生态旅游产业与健康产业的融合发展研究［J］. 生态经济，36（1）：138-143.

赖启航，2016. 攀枝花康养旅游产业集群发展初探［J］. 攀枝花学院学报，33（6）：6-9.

雷鸣，等，2018. 攀枝花阳光康养产业发展模式研究［J］. 攀枝花学院学报（5）：6-11.

李海超，2013. 我国资源型城市转型融资问题研究：以阜新为例［D］. 长春：东北师范大学.

李海英，等，2018. 中医药养生文化产业创新发展的多维度思考［J］. 世界科学技术—中医药现代化（10）：1900-1904.

李后强，2015. 生态康养论［M］. 成都：四川人民出版社.

李后强，石明，李海龙，2020. 成渝地区双城经济圈"圈群"特征探析 [J]. 中国西部 (5)：1-10.

李会联，崔彩云，曾佳，2017.PPP 模式推动养老机构建设供给侧结构性改革的实现路径研究 [J]. 价值工程，36 (36)：69-72.

李惠莹，等，2019. 中国康养产业商业模式与发展战略 [M]. 北京：经济管理出版社.

李敏菁，等，2021. 黑龙江省森林康养产业发展现状及当地居民发展意愿分析 [J]. 经济师 (5)：125-126.

李献青，等，2020. 四川体育与康养产业融合发展路径研究 [J]. 四川体育科学，39 (3)：107-109.

李雅诗，黄茜茜，刘步平，2021. 我国基本养老保险能否提升老人幸福感？：来自 CGSS 的证据 [J]. 深圳社会科学 (4)：152-159.

梁爽，2021. 推进天津康养产业发展的对策研究 [J]. 环渤海经济瞭望 (2)：43-44.

林超，2016. 健康养老的趋势与途径研究 [D]. 北京：中共中央党校.

林毅夫，(2020-06-10) [2021-04-12]. 林毅夫："倒弹琵琶"充分发挥成渝比较优势[EB/OL].https：//baijiahao.baidu.com/s？id＝1669081076220882029&wfr＝spider&for＝pc.

刘佳琪，2019. 中国养老产业融资问题研究 [D]. 长春：吉林大学.

刘诗涵，王庆生，2020. 乡村振兴视域下天津市乡村旅游与康养产业创新融合探究 [J]. 安徽农业科学，48 (12)：124-127，138.

刘晓明，2012. 中国体育产业投融资机制改革研究 [D]. 上海：华东师范大学.

刘瑶，2017. 湖南省医养产业发展策略研究 [D]. 长沙：湖南中医药大学.

刘芸希，2019. 运动养生在康养产业中的发展研究：以攀枝花市为例 [J]. 攀枝花学院学报，36 (2)：76-81.

刘战豫，孙夏令，石佳，2019. 康养为核心的三大产业融合发展：以焦作市为例 [J]. 中国集体经济 (7)：20-22.

陆杰华，2002. 我国老龄产业研究评述及展望 [J]. 北京大学学报 (哲学社会科学版) (1)：137.

罗伯特·诺齐克，1991. 无政府、国家和乌托邦［M］. 何怀宏，译. 北京：中国社会科学出版社.

罗忠林，2018. 我国康养产业发展重点及投融资策略研究［J］. 黑龙江金融（6）：40-42.

马强，2017. CL产业聚集区基础设施建设项目投融资管理研究［D］. 青岛：青岛大学.

穆怀中，范璐璐，陈曦，2021. 人口预期寿命延长、养老金保障风险与政策回应［J］. 人口研究（1）：3-18.

倪郭明，朱菊萍，李思慧，2018. 大健康产业发展的国际经验及其对我国的启示［J］. 卫生经济研究（12）：64-68.

潘慧，余宇新，2019. 发达国家发展养老养生产业经验及其启示［J］. 改革与战略，35（2）：107-115.

潘家华，等，2019. 发展康养产业 坚守"两条底线"［J］. 农村·农业·农民（B版）（1）：52-53.

彭劲松，2020. 成渝地区双城经济圈建设：阶段判识、战略意义及推进策略［J］. 中国西部（2）：13-23.

彭馨馨，2018. 新常态下金融支持养老产业运行机制创新研究［J］. 会计之友（7）：14-18.

彭馨馨，潘冬，2017. 养老基地互联网众筹融资创新模式研究［J］. 会计之友（3）：79-82.

全国咨询工程师（投资）职业资格考试参考教材编写委员会，2021. 宏观经济政策与发展规划［M］. 北京：中国统计出版社.

赛萌萌，2021. 全域旅游背景下康养旅游产业融合发展路径研究：以焦作市为例［J］. 市场周刊，34（2）：61-63.

申曙光，曾望峰，2020. 健康中国建设的理念、框架与路径［J］. 中山大学学报（社会科学报）（1）：168-178.

申彤，2018. 促进智慧城市建设中PPP模式应用研究［D］. 北京：中国财政科学研究院.

石智雷，杨雨萱，蔡毅，2016. 大健康视角下我国医养结合发展历程及未来选择［J］. 人口与计划生育论坛（12）：30-32.

孙博，2016. 老龄化时代需要大养老金融思维［J］. 中国社会保障

（5）：37-38.

同春芬，汪连杰，耿爱生，2015. 中国养老保障体系的四维供给主体与职责定位：基于福利多元主义范式的分析框架［J］. 湘潭大学学报（哲学社会科学版）（5）：28-32.

王海英，2021. 河北省康养产业高质量发展的短板与路径［J］. 北方经贸（3）：141-144.

王佳怡，2018. 从供给侧角度浅谈四川攀枝花市康养产业的优化措施［J］. 中外企业家（4）：50-51.

王敬浩，胡冠佩，刘朝猛，2009. 广西养生健身产业研究［J］. 体育文化导刊（6）：66-72.

王梁，2008. 从产权角度思考我国铁路投融资体制改革［D］. 北京：北京交通大学.

王明明，2020. 四川省休闲体育与康养产业融合的发展策略［J］. 中阿科技论坛（中英阿文），16（6）：23-24.

王宁，王丽，2017. PPP模式促进河北省养老服务业的路径分析［J］. 产业经济（2）：1.

王鹏，等，2016. 关于攀枝花阳光康养基础设施建设的研究［J］. 攀枝花学院学报（6）：53-54.

王劭铭，2021. 乡村康养产业发展探析［J］. 广东蚕业，55(3)：138-139.

王志伟，2004. 现代西方经济学主要思潮及流派［M］. 北京：高等教育出版社.

魏华林，金坚强，2014. 养老大趋势：中国养老产业发展的未来［M］. 北京：中信出版社.

魏剑斌，2017. 贵州省养老服务基础设施建设投融资研究［J］. 时代金融（2）：77-78.

吴桂华，胡昌平，2016. 广元市康养产业发展路径探析［J］. 当代县域经济（4）：69-70.

武留信，2020. 中国健康管理与健康产业发展报告（2020）疫情大考下健康产业走向［M］. 北京：社会科学文献出版社.

谢瑞其，2008. 社会主义新农村建设中的投融资机制创新研究［D］. 长沙：湖南农业大学.

徐程，尹庆双，刘国恩，2012. 健康经济学研究新进展 [J]. 经济学动态，2012 (9)：120-127.

徐新建，秦德平，2020. 健康中国背景下生态康养产业—体育—融合路径研究 [J]. 龙岩学院学报，38 (5)：98-104.

许江萍，张东志，2015. 中国养老产业投资潜力与政策研究 [M]. 北京：经济日报出版社.

鄢行辉，2010. 我国民族传统养生产业开发研究 [J]. 人民论坛 (8)：168-169.

杨波，李霖瑶，2021. 成渝地区双城经济圈发展面临的主要问题及对策研究 [J]. 商业经济 (1)：20-22.

杨继瑞，杜思远，冯一桃，2020. 成渝地区双城经济圈建设的战略定位与推进策略："首届成渝地区双城经济圈发展论坛"会议综述 [J]. 西部论坛 (11)：62-70.

杨继瑞，赖昱含，2018. 中国西部康养产业发展论坛观点综述 [J]. 攀枝花学院学报 (1)：112-116.

杨骞，方译翎，曹麒麟，2020. 推动成渝地区双城经济圈建设的战略逻辑、动力及建议 [J]. 战略与决策 (5)：12-16.

杨金龙，2007. "亚健康"状态的养生业 [J]. 中国商贸 (7)：22-23.

杨立雄，余舟，2019. 养老服务产业：概念界定与理论构建 [J]. 湖湘论坛 (1)：26-27，29-30.

杨丽君，2021. 老龄化、健康养老产业与城乡居民消费层次互动性研究 [J]. 商业经济研究 (3)：180-184.

雍顺圆，曾明，2021. 乡村振兴视角下重庆市康养农业发展现状及对策 [J]. 现代园艺，44 (11)：51-53.

余丙炎，2017. 我国体育产业与健康产业协同发展的对策研究 [J]. 菏泽学院学报，39 (5)：101-104.

张车伟，2019. 关于发展我国大健康产业的思考 [J]. 人口于社会 (1)：18-22.

张韬，2018. PPP 模式下优化养老机构建设与运营的策略研究 [J]. 兰州学刊 (3)：164-172.

张昕，2015. 走向福利多元主义新范式：转型中国的策略选择 [J].

公共管理与政策评论（4）：33-42.

张雨佳，2016. PPP 模式下上海养老生态圈评价［J］. 产业与科技论坛，15（10）：105-106.

张毓辉，等，2017. 中国健康产业分类与核算体系研究［J］. 中国卫生经济（4）：5-8.

张志强，2020. 论成渝地区双城经济圈建设的第三极［J］. 中国西部（4）：28-34.

郑正真，伍萌，2021. 成渝地区双城经济圈建设的战略定位及路径［J］. 重庆市行政（1）：12-15.

中国城乡发展国际交流协会"台湾社会养老服务研究"调研团，2019. 台湾地区健康养老产业发展的经验及建议［J］. 发展研究（5）：14-18.

钟露红，王珂，阮银香，2018. 攀枝花"康养+"产业融合发展研究［J］. 现代商贸工业（8）：8-9.

仲熠辉，2017. PPP 模式发展养老机构的探索：以安徽省合肥市为例［J］. 新乡学院学报，34（5）：25-28.

周丹妮，等，2015. 从钢铁重工到阳光康养：民革助力攀枝花城市转型升级侧记［J］. 团结（4）：12-15.

周永，2018. 康养产业融合的内在机理分析［J］. 中国商论(9)：160-161.

朱峻瑶，2017. 发挥农业资源优势 打造康养胜地［J］. 四川农业与农机（1）：48-49.

CUTLER D, A DEATON A, LLERAS-MUNEY, 2006. The determinants of mortality［J］. Journal of Economic Perspectives（3）：97-120.

ENSTE G P, NAEGELE V L, 2008. The discovery and development of the silver market in germany［C］//In Kohlbacher & C. Herstatt（eds.），the Silver Market Phenomenon Berlin Heidelberg：Springer-Verlag：325-339.

ETHAN M J, LIEBER, 2018. Does health insurance coverage fall when nonprofit insurers become for-profits?［J］. Journal of Health Economics（57）：75-88.

GAWAINHECKLEY, et al., 2016. A general method for decomposing the causes of socioeconomic inequality in health［J］. Journal of Health Economics（48）：89-106.

HARRY R, 2005. Moody (2005) Silver Industries and the New Aging Enterprise [J]. Generations, 28 (4): 75-78.

HENRY Y, MAK, 2018. Managing imperfect competition by pay for performance and reference pricing [J]. Journal of Health Economics (57): 131-146.

MAREK RADVANSKÝ, VILIAM PÁLENÍK, 2011. "Silver Economy" as possible export direction at ageing europe – case of slovakia [C] //Eco Mod 2011, Eco Mod: 3280.

MIAOMIAOLI, et al., 2020. Research on the integrated development of ice and snow industry and health industry: take genhe city and tieli city as examples [J]. Journal of Physics: Conference Series (1): 1673.

MOODY H R, SASSER J R, 2012. Aging: Concepts and controversies (7th ed.) [M]. Thousand Oaks, CA: Sage.

NILSGUTACKER, et al., 2016. Choice of hospital: which type of quality matters? [J]. Journal of Health Economics (50): 230-246.

SOPHIEWITTER, et al., 2010. Health economics for developing countries: a practical guide [M]. Amsterdam: Royal Tropical Institute, Amsterdam KIT Publishers.